かげひろプロジェクト
illustrated by Sayumi Kai

手紙

拝啓、中田英樹様
お元気ですか
佐伯区の空は晴れていますか?
風は吹いていますか?

この本の執筆を終え、今旅先で、最後に巻頭言とすべくあなたへの手紙を書いています。

昨年お読みいただいた「佐伯区本」に続いて、「続佐伯区本」を発刊することとなりました。地域の皆様の応援に心から感謝しています。

今回も書店での販売が中心となります。そのように運ぶことに骨を折ってくださった方々にも心より感謝しているんです。

また、昨年用いました「あなたは胸が熱くなるほど、あなたの故郷を愛していますか」という本の副題を、今年も変わらず使用します。というよりは、より強くこの副題をかみしめたいと考えています。と言いますのは、昨年発刊した「佐伯区本」は、ありがたいことに、大変大きな反響を得ました。本そのものはほぼ完売し、いろいろな形であちらこちらに取り上げられました。

最もうれしかったのは、佐伯区に住まわれているお年寄りの方々から、応援の言葉や温かいメッセージをいただいたこと。また、それぞれの方々が知る古い歴史や新しい情報をお寄せいただいたことです。それらとともに私のもとに届けられた、お読みいただいた方の驚きや喜び・笑顔といったものが、故郷に対する愛着や誇りに満ちていたのです。

私はその時、我々「かげひろプロジェクト」の生みの親とも言えるあなたが、佐伯区長だった時代につくられた当時の佐伯区のキャッチフレーズを思い出しました。

「地域。誇り、愛着、そして絆!」昨年の発刊後の多くの皆様との交わりは、この言葉を深く感じることの連続であり、それが「佐伯区本」の拾遺そのものです。

さて、今年の「続佐伯区本」を地域の皆様はいかに受け入れてくださるでしょうか。相変わらず偏りの多い本です。順番も考えていません。ほとんど形もありません。詩もあれば、歴史もあれば、人やお店の紹介もあります。混ぜこじゃ雑多な昨年の本から進歩しない、相変わらず訳のわからん本です。そのことを、きっとあなたは笑うんだろうねと濱崎氏やみんなと話しました。ただ、故郷への熱い想いを込めることだけは、忘れなかったつもりです。是非、心をこめた写真と言葉をご覧ください。

敬具

中田英樹様

かげひろプロジェクト　河浜一也

ハレルヤ、ぼくらのふるさと

——私が好きな言葉——

人にはそれぞれ自分の好きな言葉というものがあるだろう。

　言葉の響きで好きだという単語。文として教訓的な、いわゆる名言・格言の類。生意気なことながら、私自身も座右の銘といえるような言葉をいくつか持っている。

　また、不思議なことに私は、「色がついていることを感じてしまう言葉や文字」を持っている。みかんといえばオレンジ色を、海といえば青を想像するのは当たり前のことだが、たとえば「あ」という文字は赤く感じたり、「は」という文字には何故か水色を感じたりする。だれもがそうだというわけではないと知ったのはずいぶん成長してからのことだった。

　いろいろな単語の中で最も好きな言葉、それが、「ハレルヤ」だ。

　その圧倒的な明るさ、他の単語にない力強さ。どんな色なのかというような発想を超越した輝き。いつもいつも人を暗さから救う力を持った単語であるように思うのだ。特にその明るさはなんだろう。私はこんなに明るい言葉を他に知らない。

　昨年の佐伯区本の巻頭にも書いたのだが、私はよく高台にあがっては、この佐伯区を見下ろす。昼間、青い海に臨む五日市の町を見ると思わず口をついて出る言葉が……

「ああ、ハレルヤ」

　そして、思うのだ、この佐伯区が、明るい場所であってほしいと……。

　子供たちが明るい笑顔で過ごす場所であってほしいと……。

　もしも暗い気持ちになりそうな出来事に遭っても明るくなれる場所であってほしいと……。

ハレルヤ、佐伯区。ハレルヤ、五日市。
ハレルヤ、湯来の山々。
ハレルヤ、流れる八幡川。
ハレルヤ、広い広い空よ、海よ
ハレルヤ、ふるさとよ……、人よ。

　願わくは「ハレルヤ」という言葉のような明るさ・力強さ・輝きが、いつも私たちのこのふるさとともにありますように……。

写真／岸副

続佐伯区本　目次

目次

写真／岸副

桜

写真と言葉

神原枝垂れ桜

桜

桜よ、桜。
薄紅のその色は、
春の盛りのこの時期に
人に見られる恥じらいか。
桜よ、桜。
その淡い薄紅の
そのわずかな色づきに
ゆかしき想い、
感じられ……。

一本桜

一本桜
あたりに何が来ようとも
あたりに何が咲こうとも
孤高を通し
凛と咲く

湯の山竹下枝垂れ桜

観音神社枝垂れ桜

春を数える

あたりの景色や
周りの空気までも
薄紅に染める桜花。
あと何度春が巡ってくるの
だろうと
思う歳になった。
どうせ春を数えるなら、
やはり、桜の花がいい。

人知れず

人里から少し離れたところに、
人知れず咲く桜がある。
誰かから見られるから咲くのでは
なく、誰かを喜ばせるためでもなく、
ただひたすら咲いている。
一生懸命咲いている。
誰かが見ていなくても、
桜としての一生を、
ただ。ひたすらに生きるように……。

石内湯戸のモチヅキザクラ

花のまわりみち

桜の名所は多い。しかしその中でも、八重桜ばかりこんなにいろんな種類の桜を一度に見ることができる場所も、そう多くはあるまい。

造幣局の花のまわりみち。

佐伯区の名所の一つだ。

八重桜普賢象

関山

楊貴妃

写真／広畑・奥田

樹

写真と言葉

雪月花

白居易は「雪月花の時、君を憶ふ」と詠った。雪は冬、月は秋、花は春を象徴しており、夏を表わす言葉は含まれていないが、四季の移ろいを表わしている。その季節ごとに自らを過ぎ去った人を想う。

大樹

時の流れを経た大樹には
一種のオーラがある。
悠久の時の流れを
越えてきた落ち着きがある。
その大きさから来る
圧倒的な迫力がある。
その大きな幹に
耳を当ててみたくなる。

根から吸い上げられた水は
幹の真ん中を流れ、
梢の端の緑濃い葉の裏から
空中へと蒸散する。
幹を流れる音は、宇宙の音。
大樹の中の限りない宇宙。
時の流れを越えて
育まれた宇宙の音が、
冷たい幹の底から聞こえてくる。

実り

写真と言葉

出穂を待つ

出穂《しゅっすい》は、稲が穂を出すこと。

種まきからおよそ百十五日。田植えからは早稲で五十日、晩稲《おくて》で八十日後に出穂。

穂は茎の中で育ち、田んぼの中で初めて穂が出ることを「走り穂」と言い、それから出穂が始まって穂が出揃うことを「穂揃い」という。

開花・登熟

出穂すると、稲はすぐに開花する。気温が三十度を超える晴れたさわやかな日の午前中、穂についた「もみ」がわずかに開き白いおしべが小さく飛び出してくる。その時間はその日の午前中のわずか2時間。

そして、その日からそのもみの内側でお米が育っていくのだ。ゆっくりと、ゆっくりと……。

金の実り

風が渡っていく
金の実りの上を
風が渡っていく
いにしえより
何人の人々が
この光景を見たろうか
豊かな美しさの上を
風が渡っていく

写真／奥田・岡本

忘却は眼からやってくる

時の流れからは、逃げ出すことができない
そして、忘却は眼からやってくるのだ

風が歌を奏でている
いや、風の中で
歌うような読経の声が
遠い過去から聞こえてくる

かつてこの丘には
大伽藍が建っていた
朝もやの中ひっそりと……
朝日を受けて燦然と……

ぼくは永遠から卒業することを忘れていた
もしもぼくらにできるのなら
記憶の底から甦らせて
あらがってみようか、時の流れに……
ああ、かつてこの丘には
大伽藍が建っていた

任助法親王の宝篋印塔

奈良時代の山陽道は「古道」とか「影面《かげとも》の道」とも呼ばれ、佐伯区の石内から利松、寺田、保井田、地毛を通り、山沿いに倉重、三宅、屋代から、佐方の北部を通って山あいを平良に出たと考えられる。

佐伯区三宅にある圓明寺。付近を通る道が、古道の一部だが、この古道は現在の西広島バイパスに数箇所にわたって分断されている。その西広島バイパスの工事の際には、その寺の前から、おびただしい数の鎌倉瓦が掘り出されたという。

圓明寺の境内には、任助法親王《にんにょほっしんのう》の墓とされる大変立派な宝篋印塔がある。

写真／岸副

塔の高さは三・七ｍと大きく、また、塔身が細くて長いので全体として非常に美しい。また、笠部の上の耳のように見える隅飾《すみかざ》りが大きく外側に反っている。なかなかこれほど立派でスタイリッシュな宝篋印塔にはお目にかかれない。

　室町時代以前の宝篋印塔は、塔身が短く、また太いので、その分、笠の上の相輪が長く感じられ、塔全体はどっしりと太く見える。隅飾りも小さく地面に対して垂直に立っている。

　これに対して、この塔のように、塔身が細長く、隅飾りがせり出すように外側に傾いているのは、いずれも江戸時代の中期ごろから後に建てられた宝篋印塔の特徴である。

　任助法親王は一五二五年、戦国の世に生まれ、後奈良天皇の養子となった人物で、一五七四年から、亡くなった一五八四年までの十一年間、宮島の大聖院で布教を行った。

　この宝篋印塔が任助法親王本人の墓だということであれば、もちろん宮内庁管轄の天皇家の陵墓ということになってもよいはずなのだが、現在この墓はそのような指定を受けていない。

それには理由がある。それは、任助法親王の墓が、別にもう一つあるからだ。

ＪＲ宮島口駅を百五十ｍ西に進んだ踏切の線路わきにある五輪塔がそれで、正面に「厳島御室《おむろ》」とある。厳島御室は彼の呼称である。

昭和のはじめ、この二つの墓をめぐって、学者の間で論争が持ち上がった。本物の墓はどちらだろうかというのだ。圓明寺の宝篋印塔は一七三九年銘。そして大野の五輪塔は一五八四年の年銘はあるが、形からしてどう見ても一七〇〇年代も後半のものではないかと思われるのだ。

昭和十六年、四月二十三日、宮内省は何の根拠も示さないまま、宮内省発表で突然に大野の墓を本物と決定し、五月五日には、勅使の派遣を受けて祭事を行った。

祭事は、式典をつかさどる者が奏楽裡に墓前に進み出て祝詞を奏上し、続いて衣冠姿の勅使が墓前に進んでご祭文を奏上、そして、お墓所決定の趣を墓に向かって御奉告申し上げたというもの。

旧宮島町や旧大野町では各戸に国旗を掲げ、御奉告当日には、鉄道の南側に数えきれない人が並んで勅使を奉迎したという。

こうして、宮島口赤崎にある墓を広島県で唯一の天皇家の陵墓として現在に至っている。

そこで、この二つの墓についてももう少し詳しく見てみよう。

写真／岸副

任助法親王、二つの墓？

前頁でお話ししたように任助法親王の墓は、二か所ある。佐伯区三宅圓明寺にある宝篋印塔と廿日市市宮島口赤崎にある「厳島御室」と刻まれた通称「赤崎御室」の二つである。

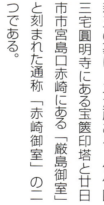

まずこの二つが形状上、どちらも一七〇〇年代に作られたことは間違いないだろう。いずれも法親王の没後百五十年から二百年を経過している。すなわち、これらの墓はいずれも建て替えられたものだということになる。

そこで、圓明寺の宝篋印塔の碑文を読んでいくと当時の圓明寺に縁の僧・湛淵《たんえん》が法親王が宮島で亡くなったこと、宮島は墓穴を掘ることを忌む習わしがあることを挙げ、「これをもって遺骸を此処（圓明寺境内）に葬れるなり」とはっきりと刻んでいる。また、圓明寺に伝わる文書には、「御遺言ニ従ッテ、尊骸を境裡に収メ、己来当寺ハ法親王の菩提寺ニシテ、御埋葬の旧跡御墓本堂南ノ傍ニ之有リ」と記されている。ほかには埋葬箇所に関する文書が無い中、はっきりと墓所が圓明寺にあることを述べたこの二つ（碑文と文書）にはそれなりの重みがあると感じられる。

　これに対し、江戸時代の浅野藩の「芸藩通志」では、芸藩通志成立時（一八二五年）前の厳島座主（現大聖院座主）の話として、「御室山石塔（宮島口の赤崎御室）についてはこれを知っているが、三宅の墓については知らない」としているが、通志の見解としては、「かれこれ是非定めがたし」として判断を避けている。また一説として、亡骸は宮島口に葬って、遺品などを三宅に埋めてそこに経塔を築いたのではないかとの意見を付している。

　これについて私はただの遺品を納めるだけの塔として、果たしてこれほど立派な宝篋印塔を建てるだろうかという疑問を持つ。私の知る限りこの地域で最も大きく美しい宝篋印塔なのだ。

　さて、その圓明寺については、芸藩通志を著わす前に下調べをしたという「旧観音村・国郡志下調書出帳」に、三宅村の寺院に三宅山山王院（原文のまま、現在では親王院）圓明寺といわれる寺があり、古い時代には、お堂や塔・末寺があったとして、十二の末寺の名前を挙げている。また、境内については「東西六十間あまり、南北七十間。観音堂、護摩堂、鎮守二社、同拝殿、大師御影堂、客殿、庫裏、鐘楼」があったことが記されている。

　実は圓明寺には、鎌倉時代に西日本最大の大伽藍があったと言われており、西広島バイパスの工事の折に膨大な数の鎌倉瓦が出土したことと符合する。西日本最大だったかはともかく、かなりの大寺院だったことは、間違いなさそうだ。

　さらにさかのぼれば、平安末期、安芸守に任じられた平清盛は、七堂伽藍をはじめ末寺十五坊を建立し、三宅村の地十八町歩を寺領として寄進したとも伝えられている。

　また「観音郷土誌」（昭和九年ごろに刊行されたと考えられる）の中の民俗学者で口承文芸研究の結城次郎氏・郷土史家の磯貝勇氏共同の「入道一品任如法親王の御墓に就きて」という考証論文の中で、三宅村付近の伝説として、

　「昔、西国の諸侯が参勤交代に山陽道（西国街道）往復の途上、五日市と三筋川間の国道（街道）の両側に植えられた松並木を通るときは必ずその中ごろで行列を止めさせて、大名は駕籠より降りて立ち、従者は頭の笠をとって圓明寺のお墓に対して礼拝をささげた」ことを伝え、このことをもって江戸時代の当時は、圓明寺にある宝篋印塔を任助法親王の墓であると認識していたことがうかがわれる証拠の一つとしている。

　私自身は、地域の古老から、熊本の細川候が現在の楽々園の松原道に行列を待たせ、圓明寺に参拝したという伝説を聞いたこともある。

　さらに、宮島に参詣する際は地御前から船を使って島に渡っていたと考えられ、結城・磯貝両氏は、江戸時代に入っても、地御前神社から宮島口までの浜辺の道は途切れ途切れとなっており、西国街道も宮内をさかのぼって四郎峠から大野に入ったり、室町時代初期に九州探題に任命され九州へ下った今川貞世は、地御前神社の西の干潟

写真／岸副

から山中に入り、大野の中山に出たことを、紀行文「道ゆきぶり」に記していることを指摘している。

すなわち結城・磯貝両氏は、「赤崎御室は当時墓所にするのには適当なところではないとも思われる」ということを述べ、そこをお荼毘所（法親王の亡骸を火葬した場所）であったのではないかと断じている。私にはこれらを是非する能力も資格も持つものではないが、この説は傾聴に値すると感じる次第だ。

かつての論争の結論として現在広島県唯一の宮内庁管轄の天皇家陵墓とされている宮島口の厳島御室の墓「赤崎御室」。しかしその答えが導き出された理由は明らかにされていない。

赤崎御室が、真の墓と決定されたのは戦時体制下にある昭和十六年。皇国史観が強調された風潮の時期にあって、仏教を敬遠し、国家神道を打ち出して久しいことを考えると、寺院境内にあることよりは有力神社に近いほうが優先されやすいとも理解できる。

「彼是是非定め難し」と述べた芸藩通志の見解に敬意を表するにしても、より墓所としての有力な証拠を持つ三宅の圓明寺に対してより手厚く保護されてしかるべきだろう。

江戸時代、関ヶ原合戦の後、広島に入封した福島正則の寺領没収にあった圓明寺。この寺に縁を持ち碑文を書いた湛淵や当時のこの寺の住職だった弁雅は、衰運を感じるこの寺の先行きを危ぶみながら、天皇家の墓だけは、しっかりとこれを後世に伝えなければならないとの使命を感じたのではないか、そのために遺骸を埋めた円墳の上に大きな宝篋印塔を創ったのか。そこには、衰運の中、費用をかけてでも天皇家の墓を守ろうとした涙ながらの深く感動的な決断があったのではないだろうか。江戸時代後期、寺はついに無住の寺となってしまうのだ。

菅梅章順住職

圓明寺と半跏像

圓明寺はかつて大伽藍を誇り、崇拝を集めた名刹で、その歴史は深い。

私は佐伯区においては多くの区民がこの寺の存在を知り、歴史的興味を持っていただくことを切に願っている。

江戸時代にいったん無住となり衰運をたどったが、明治六年、京都仁和寺によって、圓明寺再興の願いが許可された。現在は廿日市市篠尾山の正覚院が管理を兼務しており、若い住職・菅梅章順氏を得て、前途は明るく転じている。

また、まだほかにもこの寺には守るべき文化財がある。その一つが、室町時代末期くらいの作に見える木造如意輪観世音菩薩半跏像。

この仏像は美しい。顔立ちはきりりとしながらも優しく、きらびやかな宝冠《ほうかん》や胸飾りを身につけて、全体的に華やかさとやさしさを併せ持つ仏像だ。

六本の腕を持ち、右膝を立てて座る輪王坐《りんのうざ》。手を軽く頬にあてて考えごとにふける姿。如意輪の「如意」とは、思うままに願いを叶える如意宝珠《ほうじゅ》のこと。「輪」は煩悩を

写真／岸副

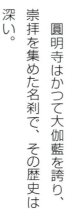

打ち砕く法輪《ほうりん》という武器のこと。これらを携えた如意輪観音は、人々の願いを叶え、苦しみを除いてくれる仏として信仰された。

他にも阿弥陀如来坐像や弘法大師像を持つ圓明寺。時の流れを耐えて、残してこられた同寺の墳墓や仏像に対して、その存在を改めて世に知らしめ、さらに世に伝えていただきたいと心から願うのである。

木造如意輪観世音菩薩半跏像

阿弥陀如来坐像

残影

山麓を朝もやが覆った
その朝もやの中で
500年の眠りの時を経て
静かに記憶を呼び覚まし
静かに残影がよみがえる

かつて、ここには大伽藍があった
修行僧の息吹があった
人々の祈りがあった

道路は巨大な構築物だ
その道路の厚いアスファルトの底に
おびただしい数の鎌倉瓦が埋まっている
そして、かつての残影が夢を見ていた
はるかな夢を見ていた

写真／岸副

写真と言葉

黄

あのね、
お宮の神様はね
秋になるとね
お空の掃除を始めるんだ
人間のお月見が終わるとね
神様はうずうずし始めて
お掃除したくて
たまらなくなるんだよ
そしてお宮のイチョウを
黄色く塗って
それを箒《ほうき》に
しちゃうんだ

ねえねえ、
股の間から顔出して
イチョウを逆さに
見たことがあるかい?
お宮のイチョウは
でっかい箒《ほうき》
黄色い色したでっかい箒
でっかい箒で
空を掃くのさ
お空の掃除をやり終えて、
澄んだきれいな

お空になると
イチョウは地面に
静かに散って
黄色い黄色い
じゅうたんになるんだ
そしてみんなが
月見を終えて、
静かになった境内で
キツネやタヌキや
リスたちとの
ひと月遅れの月見の宴は
寒い月夜の……
夜更けの出来事

写真と言葉

白

白

積もった。
憂鬱。
意味もなく憂鬱という
難しい字を
手元のノートに書いてみる。
憂鬱。
雪が残っている。
白い世界。
音はない……

雪の軌跡

確かに空気が冷たく
肌に張りを感じると、
もうすぐ、雪が来る。
そう感じると、
私はいつも湯来の方面に
車を走らせる。
どこまで走ると
雪に会えるだろう。
そんなことを思いながら
アクセルを踏む。

次の瞬間、
フロントガラスに
白い風がぶつかる。
はっきりとした軌跡。
雪。
雪だ。
白い雪。
今年も初雪に会いに来た。
今年も冬になる。
雪、
雪だ。

写真／広畑

マルゴ醤油のお母さん
五日市醤油製造株式会社

一言でいえば佐伯区の名物女性のおひとり、地域のいろんな役職を引き受けて大活躍の日々を過ごしてこられたのが、マルゴ醤油のお母さん・免出和子さんだ。

お子さんが小さい頃は、五日市小学校・五日市中学校の保護者会の役員から始まって、長年所属して女性部長や理事をつとめた「五日市商工会」。空き缶や新聞紙を集めてお金に換え福祉活動に役立てる活動をする「明るい社会づくり運動佐伯区協議会」では十六年にわたって会長職を全うしている。

弁舌さわやか、誰からも愛されるキャラクターは、まさに地域の顔だ。

二十二年前、御主人の喜久雄さんが六十歳の若さで亡くなると、大正九年創業の醤油製造会社の経営は残された家族の肩に……。当時まだ二十九歳だった長男満雄さんを社長に盛り立て、醸造と会計を担当させた。三男の恵三さんは営業と販売。「どうなるんじゃろうかいうて、思いましたよ。」

しかし、「夢を持ち続け。夢を買いたい」という生来の明るさは彼女を助けた。そんな時でも、ボランティア活動にも力を入れ、周りに明るさを発信し続けた。

五日市醤油製造株式会社そのものは、五日市中央一丁目に本社醸造所を持つが、この場所は、五日市陸橋ができた際に立ち退きの代替え地だった場所で、元は現在の陸橋のところに国道2号線に面して建っていたという。

その商品をラインナップしてみよう。濃口醤油は「味と香り」を大切に醸造。中でも「宝船」「金星」「紅葉」「銀水」は人気だ。

他に「うすくち・さしみ醤油」。だし入り醤油の「あまんじゃくしょうゆ」。ゆずポン酢「ゆず醤油」。

近年は、48％塩分ひかえ目でまろやかな「減塩醤油」もよく売れている。

また、今話題となっているのが、人気のカシューナッツ醤油豆。手軽に醤油の味や香りをわかってもらう方法はないだろうかと考えていたところに起こったのがナッツリターンのナッツ姫の出来事。豆に醤油で味付けしてみてはどうだろうかと着想したというからおもしろい。

味は、醤油、とうがらし、カレー、メープル、ココア（冬季限定）があり、新しくわさび味を追加した。

発売までには豊富な種類の醤油で何度もの試行錯誤を繰り返したという。

食べたらマルゴ醤油の母さんの顔が浮かぶ新商品は、好調に推移して、マルゴ醤油の新しい顔になりつつある。

写真／岸副

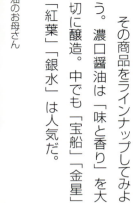

人気店
「大八のたこ焼き」がおいしい

佐伯区に本店を持ち、広島県西部に展開する絶品たこ焼き「大八」。佐伯区の住人から絶大な支持を集めているたこ焼きの名店だ。

とろとろ・やおやおの絶妙な口当たりと圧倒的なおいしさは、他の追随を許さない。大きなタコがまたうまい。今やたこ焼きの王道を行く感のある「大八」も開店当初は、その柔らかさ故、まだ焼けてないのではないかとの誤解も受け、クレームもあったという。

しかし、一年もすれば理解される。その理由は、誰もが認める圧倒的なおいしさにある。試しにソースも何もつけずに食べてみればよい。たこ焼きの味そのままでも「これはうまい」と唸るようなおいしさに出会うことができる。開店三十五年、そのファンはまだまだ増殖中、その勢いは止まらない。

その「大八」を立ち上げた中西社長。彼の商売人としての確かな目と経営技量は万人が認める。

元々、佐伯区八幡地区にあった「中西木工」という、主に食器棚を創る木工メーカーの次男で、その営業を引き受けていた。そんな時、新築家屋の収納がビルトインに変わっていくのを見て家具業界が構造不況に入っていくことを感じ、家具業界を離れて独立することを決意、その後の半年で家具営業時代の売掛金をすべて回収したという武勇伝を持つ。

退職後は、他の家具メーカーからの就職のオファーを受けたり、いろんな業界への転身を考える中、若い時代に大阪で出会った「たこ焼き屋」を思い出す。

ここからが彼の経営者としての真価が問われる真骨頂、その才覚が光る。その大阪のたこ焼き店を徹底的にリサーチし始めたのだ。

「小資本でスタートできる。」「超大手のライバルがいない。」「車を停めやすい場所に開店すれば、車で買いに来てくれる」「たこ焼きは子供の食べ物と思っていたが、リサーチすると買いに来るのは大人だ。」「しかも男性が多く、お土産に何箱も買っていく。客単価も高い」……

「これだ、これはビジネスになる。」そう判断した彼は修業と試行錯誤の日々に入る。

「やるからには、その大阪の店よりもおいしいもの作らんといけんと思うたんですよね。だからすべての材料にいいものを使った。自信が持てるものを作ったんで、開店したらすぐに手ごたえを感じました。」

佐伯区コイン通りのど真ん中ではなく、やや南に当たる何となく車が停めやすそうな現在地に開店。そのおいしさは評判となって、どんどん拡がった。

それでも最初に迎えた夏には、熱いたこ焼きの売れ行きもまだ定着せずに、売り上げもやや落ち込んで苦労したという。しかし「おいしさ」は店を支えた。また、買い上げてくれるお客様の意見にもしっかりと耳を傾け、改善に次ぐ改善を試みた。今や押しも押されぬ佐伯区の味となり、さらに周辺地域へ支店展開。業容を拡大して現在に至る。

「これから先の夢はありますか?」と質問すると、優しそうな目はさらに優しい目になって、

「もう、息子らの代ですよ。もう私が絵を描いちゃあいけんじゃろう。あとはあいつらがやってくれます。」

とのこと。頼もしい二人の息子も後継ぎとして活躍中。

おやじの味と想いを受け継ぎ、さらに発展させるに違いない。

●たこやき 大八
広島市佐伯区五日市 4-5-17
電　話：0120-18-8286
営業時間：10:00 ～ 20:00
定 休 日：不定休（原則無休）

写真／岸副

瀧渕良孝住職

正覚寺はどこにあったのか？

利松の郡橋の東詰から東に数十メートルの地に地域の信頼を集める正覚寺はある。

正覚寺は、正式名を「浄土真宗本願寺派龍渕山正覚寺」と云い、開基（お寺の始まり）の正確な年代はわからないが、「慈障院釈祐信《じしょういんしゃくゆうしん》」という僧によって天台宗の寺として開かれた。

その後、室町時代の一四九一年（万徳三年）には浄土真宗に改宗、「慈眼院釈祐淨」を初代住職に、以後途切れることなく法灯を継承して、現在に至っている。

一六五九年（万治二年）、十二月二十三日に龍渕山正覚寺は公に寺院として認められ［寺号公称］、本尊の木仏（木造阿弥陀如来立像）を授かっている。

佐伯区において現存する真宗寺院の中では、五日市地区の光禅寺と並んで「芸藩通志」にその名が記載されている。

その正覚寺に一つの謎がある。江戸時代のはじめに拝領したご本尊の下附証（お寺が仏像を拝領したことを書いた文書）には、正覚寺の所在地を「和田村」と記して

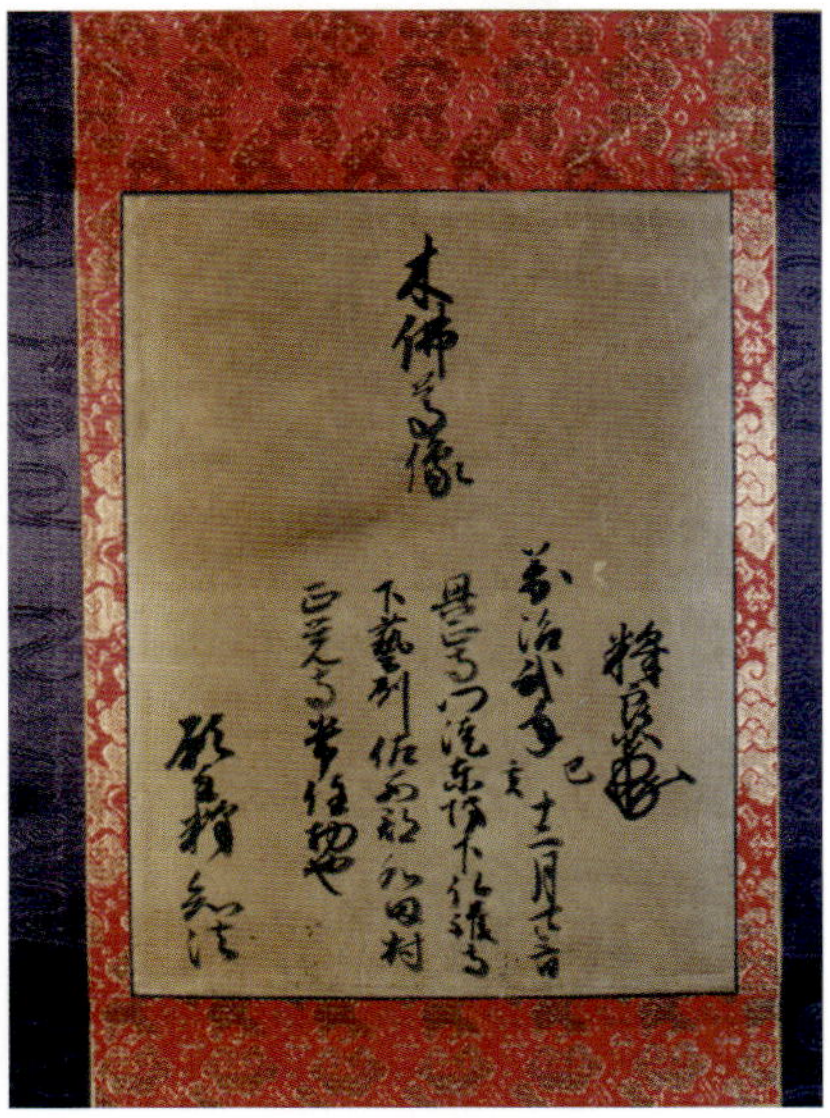

下附証

いるが、江戸時代後期の「芸藩通志」には口和田村となっている。

さらに明治八年の文部省年報には寺子屋から小学校へ発展した「廣業館」の所在地を「石内村、正覚寺内」としているのだ。正覚寺の所在地は今では利松《としまつ》という住所。これはいったいどういうことだろうか。

その謎の答えは「飛び地」というキーワードで解くことができる。正覚寺の周辺は「利松」という地域ながら、ご本尊が下附された江戸時代の初めには、和田村の飛び地となっていたのだ。

平安時代の末期から鎌倉時代の初期に、佐伯郡は佐東郡と佐西《ささい》郡に分かれたので、当時の所在地は佐西郡和田村で、これが下附証に書かれている。

ところがその後、湯来にあった佐東郡和田村が佐西郡に編入されたため、二つの佐西郡和田村ができるのを避けて、この地域にあった海に近いほうの和田村の名を「口和田村」とした。

そこで、江戸時代後期に頼山陽の叔父に当たる頼杏坪《きょうへい》らによって編纂された「芸藩通志」では、正覚寺の所在地を「口和田村」としている。いわゆる口和田村の飛び地だ。

さらに、数年後の江戸末期の文化文政期の途中で、正覚寺は石内村の飛び地となる。じつは、境内にはこの頃に石内村から寄進された石燈籠も残っている。

このように当時は飛び地というものがあったのでいわゆる住所は時代によって変わってはいるが、実はその所在地は変わっていないのではないかと思われる。

したがって、正覚寺そのものはずっと現在地にあったのだ。

正覚寺の境内には、樹齢二五〇年とも言われる「一龍の松」と呼ばれる立派な松がある。ということは少なくとも二五〇年の間、正覚寺は現在地にあることになる。これは、正覚寺の所在地が変わっていないと考えて初めてつじつまが合うことなのだ。

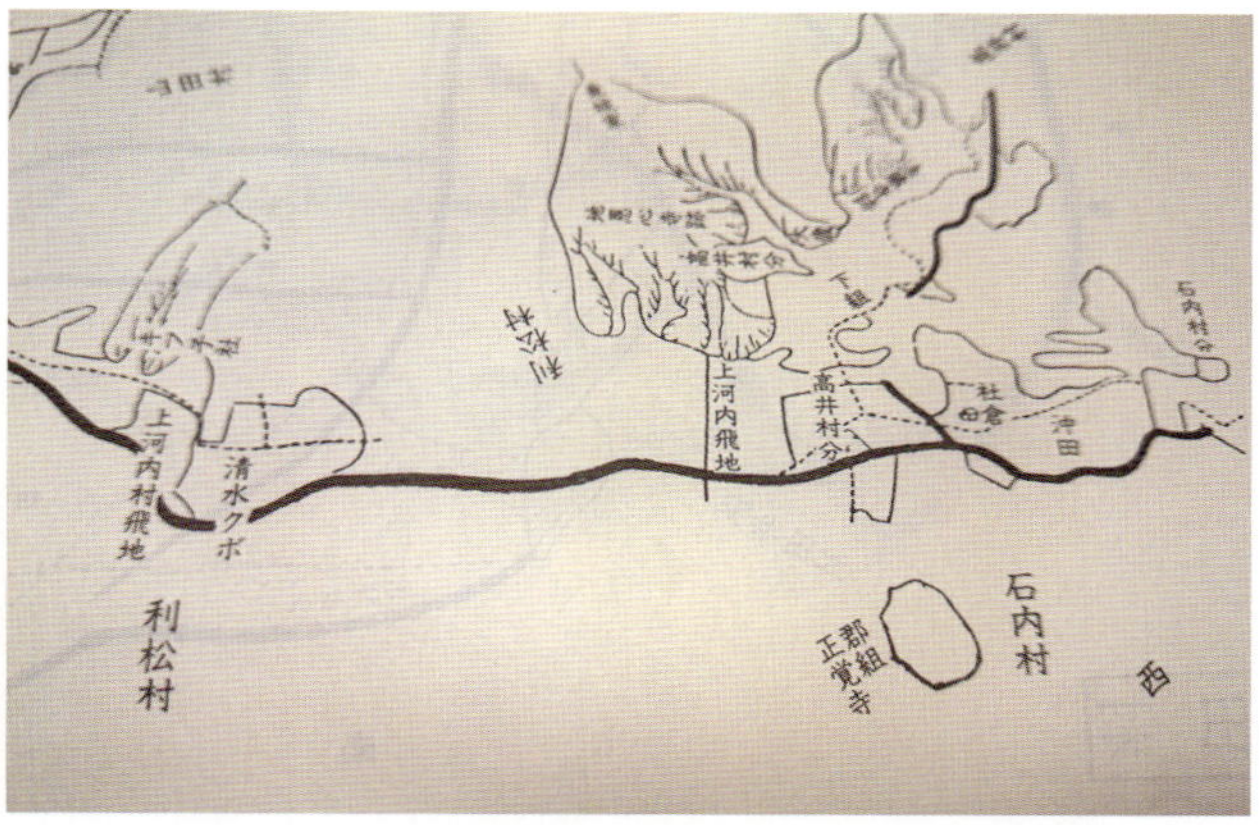

飛び地

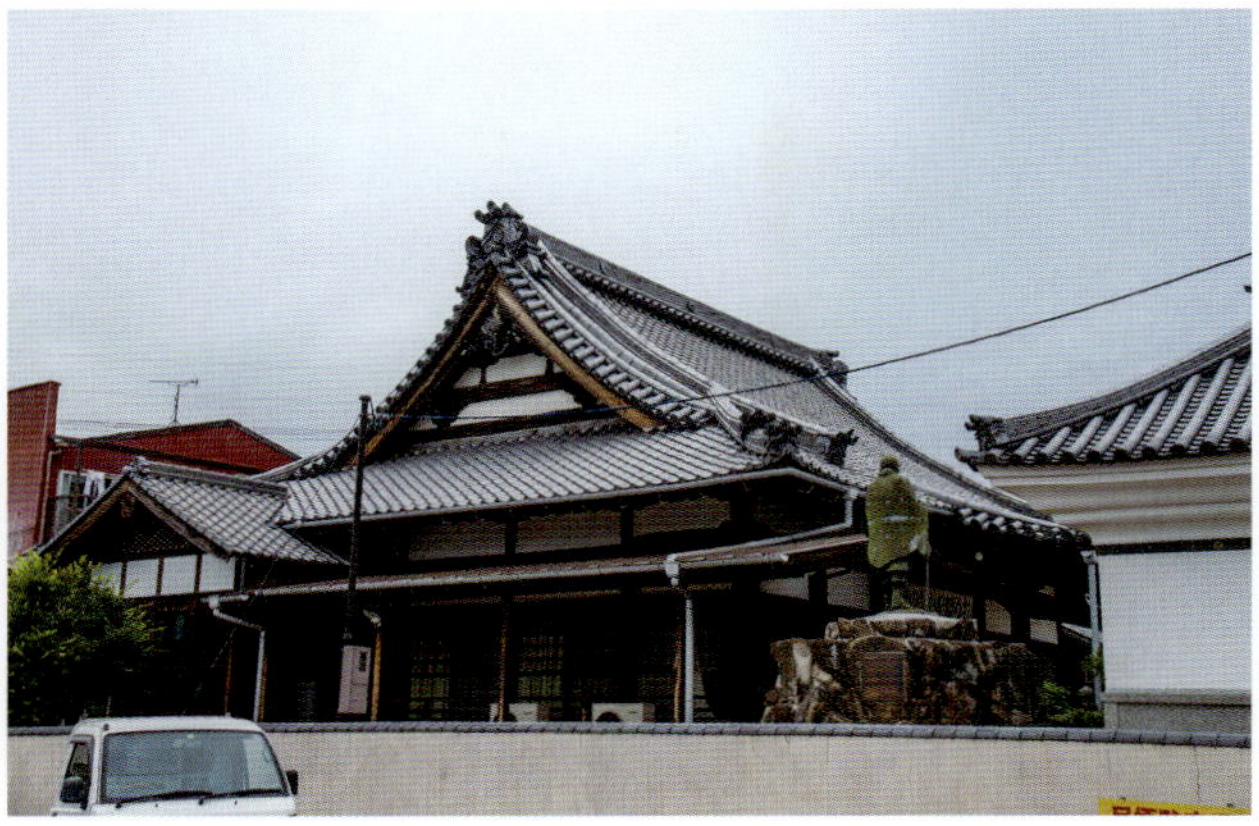

写真／岸副

光乗寺と幕末

佐伯区河内の光乗寺は、戦国時代の千五百年代に、現在も境内にある観音堂を建立し、禅宗寺院としてスタートしている。

江戸時代になると同時に浄土真宗に帰依、途中文化年間には無住となるが、その後法灯を継職し、地域の厚い信頼を獲得してきた。

社会的な貢献も多く、戦時中には、広島市の矢賀小学校の疎開の先生・児童六十名を受け入れている。子供たちはこのおかげで原爆を免れた。

昭和二十七年、私立保育所を設立。のちに公立の保育所へと発展している。

また、境内に戦没者慰霊碑を建立、戦没者を追悼している。

さて、この地域が風雲急を告げたのは、幕末の時期。蛤御門の変をきっかけに京都政界を追われた長州藩を攻めた幕府。広島の西から山口にかけては、芸州口の戦いと呼ばれる戦いの最前線となり、とくに大野・大竹方面は戦場となった。

長州軍の侵入を恐れた広島藩は、廿日市の町家のほとんどを焼き払い、大火が空を焦がした。

佐伯区では、五日市地区の光禅寺が幕府方の井伊直憲の本陣となっている。

渡邊幸司住職

長州兵は、廿日市市の浅原にも押し寄せ、峠から廿日市を見下ろす位置まで進出しており、砂谷・玖島に通じている河内峠は重要な場所となっていた。

藩は河内峠に関所を置き通行する者の取り締まりを行っていた。

一八六五年、浅野藩家老の上田主水（茶道家の上田家当主）の一軍に加わった野村円斉は、「長州征伐陣中日記」に以下のように記している。

『七月一九日、昼九つ、ご出宅あそばされ、同夕保井田へ一夜ご宿陣。（おそらくは割庄屋宅に一泊したものと思われる。）

七月二〇日、昼四つ時に同所を御立ちあそばされ、上河内傾月山光乗寺がご本陣と相成る。この寺の山の西より滝の落ちぬるを陣中見滝ということ、

「長門人　落ちや来ぬらん　おもしろき　流るるたきの　糸に結びて」

「いさぎよき　滝の糸にも　むすばれて　長門の人も　なびき来たらん」

（保井田からは、現在の保井田薬師のふもとの現在よりやや北寄りを通っていた八幡保井田往還を通って、八幡本通りに入り、郡橋のところで川土手に出て、三和橋を過ぎたあたりから、北原の旧道に入り、河内へと抜けたと思われる。

現在の光乗寺の西には滝は無い。ご住職に聞くと、その頃は現在よりもやや山中に旧地があり、その地の近くに滝があったのではないかとのことである。）

七月二一日、朝まで右光乗寺より出立、上小深川に替陣……。』

あたりには長州兵が薬売りや僧の姿で入り込んでおり、それが怪しまれないということは、当時の往来がいかに多かったかがわかる。

風雲の時代を見届けた光乗寺。現在も地域の信頼が厚く、音楽好きのご住職と坊守によって仏教讃歌が響いている。

写真／岸副

社会のニーズにコミット！
学生をフルサポートする充実教育の広島工業大学

広島工大は、創立から50年以上「倫理観」を育てることを大切に貫いてきた。そのことは、学校法人鶴学園の理念からにじみ出たことだ。

広島工大が所属する鶴学園の教育理念は、建学の精神「教育は愛なり」と、教育方針「常に神と共に歩み社会に奉仕する」の二つ。

「教育は愛なり」という言葉の「愛」とは、「学生にきちんと向き合っているか」「教育をどのように展開すべきか」などと常に学生を想い、学生の可能性を最後まで信じて教育にあたること。そして、「常に神と共に歩み社会に奉仕する」には、しっかりとした倫理観を持ち、何事にも感謝をしながら、社会に奉仕する人間になってもらいたいという願いが込められている。

このように理念をきちんと教育に反映させ、理念の実現に正面から取り組むことが鶴学園の教育全体に流れる「すばらしさ」だ。

さて、その二つの教育理念を基に、スタートさせた教育プログラムが「HIT※教育2016」。

現代社会で、技術者に求められている「自ら考え、自ら判断して解決し、行動に移す主体性を発揮する力」=「人間力」と、「ひとつひとつの学びを着実に修得し、社会に貢献できる知識や思考力」=「専門力」の二つの力。すなわち、豊かな「人間力」と確かな「専門力」に満ちた倫理観ある技術者を育てるプログラムこそ「HIT教育2016」なのだ。

※ HITは広島工業大学（Hiroshima Institute of Technology）のこと。

学生と談笑する鶴衛学長

学生の『やってみたい』へエール
大学がチャレンジの応援団

コミュニケーション能力や実行力といった「人間力」を養うため、広島工大は独自の制度を持っている。そのひとつが、学生の「こんなことやってみたい」を実現できる「HITチャレンジ制度」だ。学生が自主的に立てた企画を審査した結果、プログラムが採択されれば、最高50万円の助成を受け、活動することができる。昨年度採択された団体のひとつである「Team HIT・EV」は、充電式乾電池を動力としたエコ電気自動車の大会で部門優勝を目指す企画を立てて活動。チームメイトと協力しながら、マシンを一から設計し、試行錯誤を繰り返した。走行練習や改良を重ね、「2017 エネワン・グランプリ MOTEGI 大学・高専・専門学校部門」で見事優勝を果たした。失敗と成功を繰り返しながら、同じ目標を持った仲間と共に、自分たちで企画したものを形にし、目標を達成できた喜びを味わうことは、とても貴重な経験だ。

また、女子学生の学生生活やキャリアアップをサポートする組織、JCDセンター（女子学生キャリアデザインセンター）では、女子学生が学科や学年を超えて仲間をつくり、様々な活動をしている。女子学生自身が企画・編集を務める広報誌「JCD PRESS」の発行や、地域の子どもたちを対象に実施する出張理科実験などだ。

こうした活動を通して、学生たちは自ら企画する力や、問題解決のために考える力を身に付け、ひとつの目標に向かって他の学生と協力するチームワークの大切さなどを学ぶ。まさに、「人間力」だ。さらには、学内に留まらず、企業との共同開発や地域社会との交流などもあり、広く社会を知るきっかけにつながる。大学の授業だけでは得ることのできない体験だ。

写真／岸副

社会で役立つ確かな技術力

ＨＩＴ教育２０１６では、「人間力」とともに、「専門力」にも力を入れている。その取り組みのひとつが、体験的な学びによって、学生の主体的な経験・知識の獲得を目的とした科目「地域課題解決実習」だ。あるテーマでは、学生が実際の企業に訪問して、その企業が抱えている問題の改善策を提案する。企業の製造現場を見学するだけでなく、そこで作業する人の動きにまで焦点をあてて問題点を分析する機会はなかなかない。

　学生は、現場を様々な角度から観察・分析して問題点を洗い出し、改善策を見つけ出すというプロセスを、実習を通じて、体験することができる。

　この「地域課題解決実習」には、全学科・全学年の学生が参加することができる。企業の方をはじめ、学科や学年を超えて異なる視点からの意見を得ることは、学生にとって大きな刺激になる。１年生のうちから参加することで、早期から社会に貢献する力をつけることができる。

　この体験によって得られた知識や技術力は、将来どんな仕事に就く場合でも必ず役立つものだ。

約６０００本のツツジが開花 「ふれあいフェスタ」を開催

　毎年、４月下旬に開催している「ふれあいフェスタ」。花と緑あふれるキャンパスを一般開放し、地域住民との交流を行っている。広島工大の中には、約６０００本のツツジがあり、毎年、このイベントが開催される時期には多くが開花して見ごろを迎える。

　また、当日は大学内を開放しており、普段は入れない講義室の見学ツアーなども魅力のひとつだ。ツツジに囲まれた広場では、学生たちや教職員によって、毎年多くのブースが出展される。

　ロボット操作・砂防ダムのペーパークラフト作りや製作から発射まで体験できるペットボトルロケットなどは遊びを通して理系の楽しさを発見する広島工大ならではの催し。

　その他にも、入学試験などの合格を祈願し、焼印が押されている二重焼き（無料）は大好評。毎年長い行列ができている。

歴史と伝統のある茶室

　１９７９年に完成した広島工大の茶室「雙鶴堂《そうかくどう》」。本格的な日本庭園のなかにある木造瓦銅板葺平屋建ての茶室だ。こういう施設が校舎棟群の中に堂々とあることだけでも、この大学の文化の高さを想わせる。

　また、茶室を設けている多くの大学が電気茶釜になっているなか、茶室横の井戸から汲み上げた天然の湧水を使い、炭を用いて湯を沸かすとのこと。本物志向の学園の姿勢がよく表れている。

　茶道部では、年４回一般の方を招く茶会を行っており、学生たちのお点前を楽しむことができる。

豊富なメニューと開放感が魅力

　ど〜んと約５００席の学内レストラン「リーフガーデン」。学生だけでなく一般の利用も可能だが、学生が混みあう１２時から１３時を避けた方がゆっくりできるのでおすすめ。

　麺類や丼もの、定食はもちろんのこと、大学ではめずらしい１gが１.２円のビュッフェスタイルや各地の名物料理を提供している日替わりメニューなどバラエティに富んでいる。

　カフェコーナーも充実しており、学内で焼き上げるパンや本格的なコーヒーが楽しめるのも魅力のひとつだ。

広島工業大学の歩み

　昭和３６年に創設された広島工業短期大学をもとに、昭和３８年に広島工業大学が設立された。「モノづくり」を通して、社会に奉仕・貢献できる人材を育成することを目的に工学部を開設し、その後、人間と自然が共生していくために、幅広い視点で物事を考察できる人材を育成する環境学部、社会基盤である「情報」を用いて、価値を生み出せる技術者を育成する情報学部を開設。そして、２０１２年、「医療」や「食」の技術を用いて、人間の〝いのち〟を支える人材を育成する生命学部の開設を行い、理系大学から理系総合大学へと変遷を遂げた。

　その後も、前述の「ＨＩＴ教育２０１６」を始動させるなど、社会のニーズに合わせた学びの展開や教育を実践している。

　日々技術がめまぐるしく進歩する中で、広島工大は常に新しい教育を展開し続けている。

街に響く火矢の音。
きょうは祭りだ。
地元の法被も誇らしく
担ぐ姿も誇らしく……

さあ、揉むぞ
激しいぞ、
肩にあたる痛みこそ、大人の証。
さあさ、飲め飲め、振る舞い酒じゃ、
喉を潤せ、お神酒でござる。

夕やみせまる境内で
待つは氏子の子供たち
それは地元のステージだ。
声高らかに、響け広島木遣り歌
「秋の宮島、廻れば七里
七里七浦七恵比寿よ」

寺田地区の緑の法被が、祭りのクライマックスで突然神輿《みこし》をたてて、その上へとよじ登る。ほかのどの地区も見せないパフォーマンスは寺田地区の伝統だ。

そのてっぺんに上がると、メッセージの入った垂れ幕が一本・二本・三本と……、

「カープ優勝おめでとう」万来の拍手、拍手……。

寺地地区の売りは、激しさにある。映える情熱の赤法被！熱く燃える祭りに対する想いは強い。

昭和五〇年のカープ初優勝の時には、この年から赤ヘルに変わったカープにちなんで、こんな木遣りの替え歌も歌われた

「カープは赤ヘル、赤ヘルはカープ。寺地の法被は、やんで赤法被。」

利松地区の男神輿と女神輿が揃い踏み。祭りに華やかさを添える。高井地区・保井田地区とそれぞれに趣向を凝らして祭りを盛り上げる。

この頃は、神輿の上からお菓子やお餅を播くこともある。

祭りはよい。そのパワーがよい。

祭り好きの血が騒ぐ。

写真／広畑

若者が夜神楽を舞う。
舞殿の同じ平面の上を
何度も何度も回るのだ、
何度も何度も回るのだ。

聞こえていた囃子歌
鳴っていた笛太鼓の音
あたりの観客の声までもが
やがて感覚から削られて
ただただ回っている、
何度も何度も回るのだ。

自分の息しか聞こえない
そんな世界にトリップしたとき
あたりは回り続ける世界だけ。

地球はこうやって惰性の中で回っている、
ああ、世の中はこうした狂気の中。
鬼も狐も竜も出てきて
何度も何度も回るのだ……、
何度も何度も回るのだ。

塵倫

「時は今より一七〇〇年の昔、帯中津日子命《たらしなかつひこのみこと》の頃、異国より身に翼があり天空を自在にかけ巡る塵《じん》倫《りん》という鬼が飛来し、人民に苦しみを与えておった。

そこで帯中津日子命は塵倫を退治するため、高丸《たかまる》に門を固めさせた。

それから六日目に塵倫が黒雲に乗って現れる。

帯中津日子命は天の神・地の神の加護をうけた、天《あめ》の鹿児弓《かごゆみ》、天《あめ》の羽矢《はばや》を持って戦い、さしもの塵倫も退治されてしまう。」

帯中津日子命《たらしなかつひこのみこと》とは後の仲哀天皇のことで、その妻 息長帯比売命《おきながたらしひめのみこと》（神功皇后《じんぐうこうごう》）や息子の品陀別命《ほんだわけのみこと》とともに、多くの全国の八幡《はちまん》神社で祀られている。品陀別命は、武神として名高く、源氏の守り神となる後の応神天皇のことである。

佐伯区の八幡《やはた》神社は現在高井神楽団のホームグラウンドとなっており、その演目の中にはこの「塵倫」も含まれているが、その登場人物である帯中津日子命が、この神社に祀られている。

それは、元々、この神社に最終合祀した八幡東・梅王田の八幡《はちまん》神社に祀られていたからで、梅王田は、その妻・息長帯比売命《おきながたらしひめのみこと》＝神功皇后が船をつけた場所という伝説もあるのだ。まさにここで演じられるにふさわしき演目ということになる。

写真／広畑

高井神楽団

佐伯区には、活動する多くの神楽団がある。石内神楽団・五日市芸能保存会・大森神楽団・下五原神楽団・下河内神楽団・観音神社神楽保存会・高井神楽団・水内神楽団。

　ほかにも存続しているグループもあるかもしれない。

　そのうちで佐伯区八幡《やはた》の高井神楽団は、その後援会もふくめて、立派に発展を遂げている神楽団の一つだ。

　佐伯区の多くの神楽団は、およそ江戸末期には成立したものが多く、八幡には高井神楽団と保井田神楽団の二つがあったと伝えられる。しかし、時の流れの中でついに二つの団は解散し、伝承者は途切れたかに見えた。

　ところが二〇年ほど前に高井神楽団復活を発案する方が出て、情熱的な流布活動を開始、そして、最初はわずかな人数の舞い手で再スタートを切ったのだ。それが今の隆盛につながるかと思うと、それは感動的なスタートだった。

　それから団員が募られ、練習に練習を重ねていった。

初めのうちは民家のガレージが練習場となったりもしたらしい。その草創期を思うと、何度か団の存続を危ぶむ日々もあったかもしれない。そんな逆境の中で汗を流し、声を絞った日々。挑戦を退けられた日々は長く横たわっていたに違いない。

　しかしコツコツとした努力の日々は続けられ、2014年と2015年には、山陰と山陽の神楽団が集まる大会である「陰陽神楽競演大会」で優勝、優勝者が集まる、いわゆるグランプリ大会に出場する栄冠を勝ち取った。まさに努力が実った快挙である。その「持続力」は称賛に値する。少しずつ着実に行った努力が結果を産んだのだ。

　また、東京のお台場や遠く中国の大連での公演など、その活躍の場はさらに広まり、安芸高田市の神楽門前湯治村での公演やオーケストラ（広島交響楽団）とのコラボレーションなど、活躍の話題に枚挙のいとまがない。

　舞われるのは、新しくスペクタクルに富んだ「高田舞い」（新舞）で、その出来のすばらしさが、努力の量を物語っている。

　団員には、数名の小学生も含まれ、もう既に人前に出演して活躍しており、ますます先行きが期待されている。

　団長の中川輝彦さんに、これから先の目標は？と質問すると、「東京へ行って、神楽で東京オリンピックを盛り上げたいんですよの〜。」との答え。アグレッシブな活動でここまで神楽団を引っ張ってきた男。その夢はでっかく、優しい目は、ますます明るく輝いていた。

主な上演演目（舞）

神降し　山姥　塵倫
恵比須　日本武尊
大江山　戻り橋
悪狐伝　滝夜叉姫
紅葉狩　土蜘蛛　八岐大蛇

写真／広畑・岸副

かげともの道

古代山陽道と現代の山陽道

いきなりだが、古代山陽道を皆さまにお目にかけよう。これが「ザ・山陽道」である。

写真に写ったのはふたつの山陽道。右下に写る小道は、古代山陽道・いわゆる影面《かげとも》の道で、横切る上部の高架橋は現高速道路「山陽自動車道」だ。さらにそのうしろは高山方面となる。

さて、古代山陽道は、当時は、わが国最大の幹線道路だった。大化の改新（六四五年）の後、律令制が整い、地方の物資・税や情報を都に集中させるため、あるいは官吏・公使の往来をスムーズにするため、七つの官道がつくられた。その中でも、山陽道はとびっきり重要な道として、唯一「大路」に指定されている。日本一の道だ。当時の東海道は「中路」なので、やや格が違う。この都と大宰府を結ぶ道は、大陸の「先進文化」や海外の賓客を都まで運ぶ道として別格だったといわれており、様々な文化・文物・蕃客（外国人の使節等）が「石内湾」北側の山陽道を行き交っていたと考えられる。当時は海面が現在より数メートル高いので佐伯区の平野部は瀬戸内海に没しており、旅人や外交使節たちは、南側に風光明媚な瀬戸の海を眺めながら、こころ晴れやかに石内、八幡、観音地区を通ったことだろう。

古代日本では、太陽の出没方向に因んで東西を日縦《ひたて》、それに直行する南北方向を日横《ひよこ》と呼んでいた。

そして山稜の南斜面のことを古代「陽」・影面《かげとも》、北斜面を同じく「陰」・背面《そとも》と呼んでいた。共に日縦である本州西部南岸の街道を「影面の道」（漢訳すると「山陽道」）と、本州西部北岸の街道を「背面の道」（漢訳は「山陰道」）と呼ぶようになったのだ。

また、平安時代初期の延喜式によれば、安芸国には十三箇所の駅家があり、うち旧佐伯郡には伴部、大町、種箆《へら》、濃唹《おおの》、遠管《おくだ》の五箇所あった。そのひとつであった大町駅は、諸説あるが、ひょっとしたら石内原田付近にあった（広島市歴史科学教育財団・広島県史）可能性もあるとの説もあるが、通説では現在の利松地区ではないかということになっている。また、現在の保井田地区の保井田薬師付近という説を持つ者も多く、本書の著者の河浜君は寺地地区の西側から寺田地区を主張している。

江戸時代の末期には石内の飛び地だった利松地区には「郡《こおり》」という地名が残るが、「郡橋《こおりばし》」という橋の名は今もあり、この辺りに、かつての佐伯郡の郡衙（郡家＝平安時代の郡の役所）があったといわれている。

つまり、いにしえの石内は、古代山陽道の通る、いわゆる幹線沿いのエリアであり、現在では想像もつかないような風景を持っていただろう。さらに言えば、田園風景のなかに、当然大陸から伝わってきた雅な文化も息づいたことであろう。

それは、仏像はもとより、おびただしい数の古い文物が、石内の古

古代山陽道石内小学校裏

写真／奥田

代山陽道沿いに出土していることから、うかがい知ることができる。

（米山俊哉）

その古代の山陽道は、広島市のデルタ地帯がまだ形成されていなかったので、現在の広島市中心部を大きく北に迂回し、府中・戸坂・東原・大塚を経て広島修道大学の前を通って、現在の五日市インターチェンジ付近から半坂へと進んでいる。

しばらく山陽自動車道と同じルートを進み、今市城址に向かってこれを左に見ながら、石鎚神社の丘を登ってまもなく、平岩の浄土寺が見えてくる。

これを過ぎて歩き続けると石内小学校の横の川に出て、公民館のところで県道と合流、さらに進むと、浄安寺薬師堂のイチョウの大木が見える。その先の巨木の森が臼山八幡神社である。

八幡方面へ南下を続けると途中、迫口観音に向かって山道を西に入ったり、亀山新宮神社の後を通って、百石を過ぎ、やがて法専寺に至る。かつてここにあった本堂は新藤兼人監督の祖父伊左衛門が棟梁として普請したと伝えられる。

奈良時代はここから、現在の三和中学校の裏山に入って三和橋に出て、寺田地区の山すそを保井田方面に向かった。時期によっては三和中学校の南を通った頃もあると言われるが、山陽道としての役割を終える江戸時代には、法専寺を過ぎて直進し正覚寺の前を通って郡橋《こおりばし》を渡り、現在の八幡本通りが幹線道となっていた。

保井田に向かうと八幡が丘団地や八幡小学校などが造られ当時の様相を呈していないが、保井田を通り過ぎ城山を迂回すると、現在の佐伯警察署の近くを通って、正楽寺に向かう。倉重川を渡る手前の人家の庭のクロガネモチの木の中に芸藩通志絵図に登場する「塞の神さん」がある。

さらに進むと高山神社跡を通り、正楽寺、千同の白鳥神社跡、南に坪井の苔生神社跡があるあたりを経て、長福寺のところには井戸が残っており、茶店跡と言われている。

しばらく進むと任如法親王の墓がある圓明寺の前を通る。

道は、西広島バイパスによって分断されたり川を渡ったりしながら、現在、広島工業大学となっている尾根を通って、屋代から廿日市へと入っていく。

（河浜一也）

参考文献：古路・古道調査報告（広島市教育委員会・（財）広島市歴史科学教育事業団）

西国街道

江戸時代の主要道である西国街道は、奈良時代以来使われた山陽道とは大きくルートが違っている。それは古い時代には日本の国全体が現在ほど平野部を発達させておらず、海岸線が現在より内陸部にあったためで、広島市のデルタ地帯がまだ形成されていなかった当時は、北に大きく迂回していた。この山陽道は便宜上、旧山陽道とか古道と呼ばれたり、影面《かげとも》の道と呼ばれたりしている。

それに対して、現在の海岸線により近くに整えられた江戸時代の街道は、一般に西国街道と呼んで、これを区別している。

江戸時代初期には西国街道は広島の中心部を突っ切っており、広島市の本通りや平和公園の元安橋と本川橋を結ぶ道路は、当時の西国街道に当たる。

西国街道は、そのまま西進し、己斐橋から古江・草津・井口へと入り、現在井口小学校のある井口峠を通って、現在の井口鈴が台を西に下って八幡川の東に出る。現在ＪＲや広電が通る鈴が台団地の南側の道は、まだ道として使われることは稀で、満潮の時は全く通れず、干潮の時を狙って何とか通れたという。

とはいうもののそれ以前の室町時代初期、北朝方の役人、今川貞世がこのあたりを九州探題に任命されて九州へ下った時の日記「道ゆきぶり」では、海田から海岸線を通って廿日市まで旅している。しかしその記述はよそに、実は途中から別の道を通ったのではないかとの異説があって、現在の己斐から西は己斐峠を越えて石内から旧山陽道に入り、廿日市まで来たので

写真／岸副

はないかということを唱える方もおられるが、私は、わざわざ南朝方の拠点だった有井城や池田城のすぐそばを通ることもあるまいとかんがえる。むしろこの二城の存在ゆえに、通ることが難しいと分かりながら、海岸伝いに廿日市まで行ったのではなかろうか。

「道ゆきぶり」には、とても珍しい経験をしたと感想が書かれている。

井口を過ぎて、八幡川と出会う辺りは、汗馬と呼ばれ、海に面した小山があったことが、江戸時代の絵師岡岷山の「都志見往来日記および諸勝図」に描かれている。

現在の八幡川にかかる八幡橋の上流数十メートルのところには土橋がかけられていたという記録があり(行程記・都志見往来諸勝図)、これを渡って西進すると五日市に入った。ただし、それは、江戸時代の中期に八幡川がこの位置に付け替えられてから後のことで、江戸時代初期には、小さい幅の川が流れていただろうと思われる。

道をさらに西進し、五日市スイミングスクールの土地に沿って南へ進み、松村呉服店西の三叉路を北西方向に進むと五つ神社・光禅寺の前を直進して五観橋を渡って廿日市佐方方面へと進んだというのが、江戸時代初期の西国街道である。

当時は現在のコイン通りにぶつかる前に当時の八幡川（古川）があり、その地域に当時の五日市港があったと考えられる。またすぐ北には、五日市城があり、川はその堀の役割も果たしていたに違いない。

ところが、江戸時代の中期以降は、この松村呉服店西の三叉路を南西方向に進み、楽々園の電停北を通る松原道を通って三筋川にでた。楽々園の広電楽々園駅の裏の広電の軌道とＪＲの軌道に挟まれた一筋の道が当時の西国街道で江戸時代末期には道の両側にたくさんの松が見事に植えられていたため特に「松原道」と呼ばれている。南には広大な海老塩浜と、さらにその向こうに海を臨んだ。そして、宙に厳島の寝観音が浮かぶように見えたに違いない。

そして当時ここにあった三筋橋を通って、川沿いを南下、美の里から廿日市に入り、佐方中橋を渡って廿日市の町屋へと進んだのだ。

写真／岸副

道、古代山陽道は石内を通り、都や大宰府とつながっていた。そして、かつては石道と呼ばれていた（その頃は石に覆われた道だったのだろう）。道、広島市域に隣接して、大規模開発が波状に押し寄せようとも、里山の風景を色濃くとどめた故郷の道。

今では巨大な橋脚に支えられた高速道、多くの交通量をさばく幹線道、そして、満々と水を湛えたダム、そして、山中には忽然と広大な住宅街ができ、巨大商業施設も動き始めた。石内は劇的変化の渦中にある。それでも、それでも、石内の緑は美しい。

昭和の良き石内を愛する者として……

その地域が内包した、永遠に近い時の流れを、少しずつ紐解いてみたい。

景色が少しぐらい変わろうとも、私たちの傍らを流れる確固たる石内の時の流れを、その一端ではあるけれど、遡ってみようと思う。

この本の執筆者であり、編集長の河浜君はこのたび、「おまえなりの石内」について書く機会をくれた。ありがたい。３０年留守にしていたことで見える石内もあるだろうということなのかなとの勝手な解釈と、「悠久の時間」を持つ（どこだってそうだ）石内をわずか20ページで表現するなぞ不可能な所業なのだが、諸先輩の文献と前石内公民館の奥田館長に写真でご協力いただくことができたので、僭越ながら石内を担当させていただくことになった。

（米山）

臼山八幡神社

「石内」では、縄文後期から弥生時代にかけて、本格的な稲作が広まっていたと考えられる。石内地区の亀山（新宮山）を中心に散在している貝塚からは、やがては、複数の集落が形成されていったことも類推できる。そして、平安時代の延暦年間（七八二年～八〇五年）には、遅くとも石道（石内）集落が成立していたことが、延暦二年（七八三年）に「臼山八幡神社」が祭祀されていることからもわかる。

以後、若干の境界の変動や行政区の変更はあったが、千二百年以上、ほぼ同じエリアで、「いしうち村」は存続しつづけてきたようだ。

「石内」が村落共同体として成立した拠りどころの一つが、臼山八幡神社だった。先ほど述べたように、延暦二年（七八三年）、豊前国（大分県）の宇佐八幡の祭神を勧請して、この神社は創建されたのだ。

さて、その臼山八幡神社は、当初は小規模な祠だったようだが、永年にわたって村民の崇敬を集め

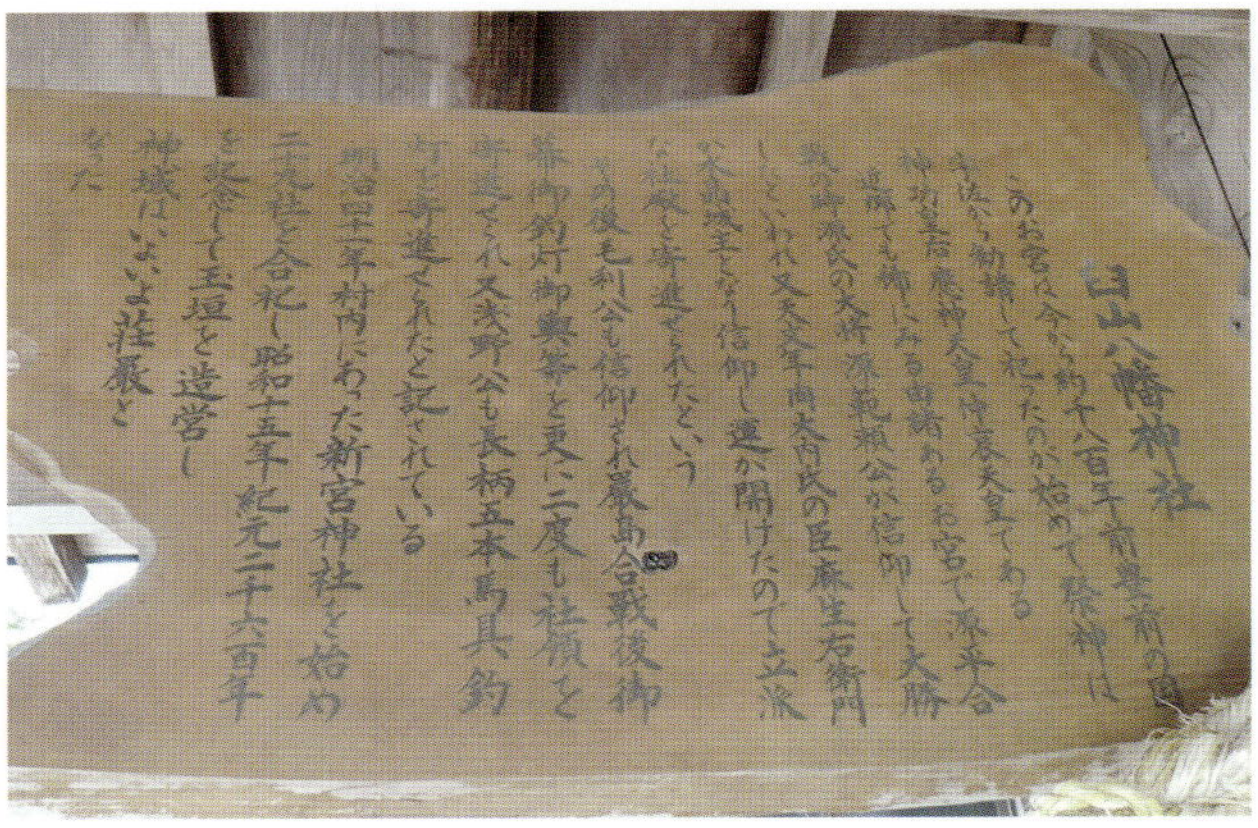

臼山八幡神社由緒

写真／岸副・奥田

たことと、祭神が武神（応神天皇ら）であったために、その後石道村に起こった兵乱時における武人達などの信仰によって、次第に立派な祠になっていったと思われる。

さて、石内に住む者の思い出はというと、十月初旬の土曜の夜に催行される前夜祭《よごろ》だろう。境内には舞台がこしらえられ、神楽が神々に奉納される。子供たちは、境内を縦横無尽に走り回る。

一夜明けると、翌日曜日は本祭だ。現在でも各地区から臼山八幡神社まで、豊作の御礼にと神輿が仕立てられる。特に、シダレ桜で有名な神原地区を廻るお神輿は、片道四キロ以上の道行きとなるが、まるで、お神輿が静かな山里のなかに溶け込んで、山村風景の一部としてシンクロするかのような塩梅だ。谷間に流れる祭囃子や木遣り歌は、いにしえから確かに続いてきたのだろうな、と感じさせるに十分な「もの」がある。　（米山）

浄安寺と薬師

浄安寺参道

かつて、石内小学校のほど近くにあった石内村役場跡にできた旧石内公民館のすぐ裏手に、大きなイチョウの木がある。その樹高は29メートルと、近在では群を抜く高さを誇る。

その大きなイチョウの木は、まるで小さなお堂を守るように屹立しており、その様子は古えの時代から、遥か遠くからでも望めたに違いない。

この辺りも古代山陽道（影ともの道）に面した地であり、かつては、山陽道を通る旅人や地元の人の安全祈願などの信仰を集めて多くの伽藍を有した寺院だったというが、今では廃寺となっている。

しかし、薬師如来の座像だけは、廃寺となった後も代々地元の人によって手厚く守られて、確と残存する。そして今日も、イチョウ横の小道を登った境内は、地元の人によって掃き清められている。

この薬師如来像は、江戸時代の修理（一七五五年）時に出てきた木札に記してあった通り、天平年間の行基作（七三七年）であると地元では信じられているが、実際には平安時代後期の作ともいわれており、行基の作とは考えにくいようだ。

まあ、良い。いずれせよ、残された廃寺の薬師様は、イチョウの木と地元の人々に守られて、見事広島県重要文化財にも指定された、貴重な寄木造りの薬師様だ。そういえば、今日の薬師様は新調の衣装に包まれていた。

（米山）

浄安寺薬師

写真／奥田

菅原道真伝説のお地蔵さん

菅原道真伝説

古代山陽道は、都と大宰府をつなぐ国家の最も重要な幹線道路だった。実はそれに関連するかのように、石内には菅原道真に関する不思議な言い伝えが千百年たった今でも、リアルに残っている。

時は昌泰四年（九〇一年）、道真公は従二位に叙せられ「この世の春」を迎えたが、まもなく、政敵藤原時平の讒言《ざんげん》によって遠く大宰府に左遷されてしまう。

伝説では、その道すがら、ちょうど石内で、なぜか足を止められているという。どうやら、お付きのその従者が腹痛を訴え動けなくなったというのだ。ただその地は風光明媚で風水的にも良かったので安心して従者を石内にとどめ、道真公は泣く泣く大宰府に旅立たれたという。その従者は回復したのちに一旦京都に帰り、道真公ゆかりの地蔵菩薩と二つなりの梅を石内に持ち帰ったというのだ（異説あり）。

さて、道真公が京を去る時に、「東風《こち》吹かば　匂ひ起こせよ　梅の花　主なしとて　春な忘れそ」という歌を残していることはつとに有名で、その梅は、京の都から一晩にして道真の住む屋敷の庭へ飛んできたという「飛梅伝説」としても、現代に伝えられている。そしてなんと、その「飛梅」が「腹痛の従者」のおかげで、石内にも残っていたという。

その従者のご子孫を名乗る方もおられ、近年までその道真ゆかりの梅は、確かに花を咲かせ続けていたとのこと。ただ残念ながら、その木は近年枯れてしまったそうだが、地蔵菩薩の方は今でもご子孫宅の片隅のお堂で、周辺環境の変貌にも動じず、千百年の時を経ても、まなじりキリッと、前を見続けていらっしゃる。

（米山）

源氏大休の段

こころ団地から見た源氏大休の段

さて、時代は源平合戦のころ、平家を追う源氏の陸戦隊が、石内を訪れている。大将源頼朝の名代として平家を追う弟・源範頼は、石内でしばらく兵を休ませている。その場所は、石内神原地区の北西部だ。

「平家物語」によれば、元暦元年（一一八四年）、旧暦八月六日に鎌倉を出発した源範頼は、同九月十二日には京都で官位を受けている。その後京都を出発して安芸国に入り、同十一月十四日に周防国に去ったとある。すなわち、晩秋から初冬にかけて、石内に滞在したことになる。

地元の「石内村国郡誌下調書出帳」という村の事柄を浅野藩に報告した古文書にも、窓山の西方高山に、源氏大休の段があると記されており、それは高山の山頂から下った最初になだらかになった辺りかと思われる。

すると、範頼は石内の源氏大休の段に入るために、当時のルートを考えると「かげともの道」の半坂越をあえて避け、おそらくは直接、沼田町伴の三城田あたりから奥畑に入り、こころ・栗木峠から神原に越す近道を通ったかと思われる。大休の段に入れば眼下の梶毛・笹利地区の中間地にあった高城を経て、そのまま尾根続きに、源氏方の拠点だったといわれる水晶ヶ城とも連絡が取りやすいという利点もあったことだろう。この尾根道は不思議なことに、かつては幅1メートルくらいある、馬でも走れそうな平坦な道だった。

そういえば、石内東の住宅団地のキャッチフレーズが「宮島街区」だったと思うが、源氏大休の段からの眺望も良好だったはずだ。そこからは宮島や、遠く周防の島々まで見渡せたことだろう。ということは、軍略上も非常に面白い地であったということになる。

ちなみに、周防の国に去った源氏の範頼は、翌年三月二十四日、壇ノ浦の戦いで、水軍を率いた義経とともに平家を滅亡へと追い込んでいる。

また、源氏大休の段からほど近い梶毛地区には、「範頼神社」（祭神は、もちろん源範頼。臼山八幡神社に明治四十一年合祀）や「範頼」との地名を今に残していることから、神原や梶毛地区の人と何かしらの交流があったようだ。おそらく、軍勢の兵糧調達に、地元の人々の協力があったのではあるまいか。

（米山）

写真／奥田

範頼伝説と供養塔

さて、源氏大休の段に逗留した範頼は、「通説」では、壇ノ浦の後、義経と同様、兄頼朝から疎まれて伊豆の修禅寺で殺されたことになっている。

修善寺にはその「通説」通りに立派な墓もあるが、どうも、その「年輪」というか、「風格」がいささか足らないような気がしてならない。

さらに、範頼の死去には異説もある。たとえば、「いえいえ、範頼は修善寺では誅殺されずに越前へ落ち延びて、その地で生涯を終えたんだ」という説や、「実は、武蔵国が本当の範頼終焉の地だ」という説もあり、その墓たるやいろんな場所に残っている。近くでは西区古江にもある。

しかし、五日市に伝わる伝説によれば、範頼は、頼朝の追捕から、平家追討で勝手知ったる瀬戸内海を西へと逃げる途中、ついに五日市沖で落命したのだという。範頼の遺骸は付近の岬に埋められ、現在その岬の山は「御曹司《おんぞうし》山」と呼ばれている。もちろん、源氏の御曹司、範頼を指す。　（米山）

確かにこの墓のある山は、海に突き出した岬だったことは間違いない。場所は、広島工業大学のすぐ東、広島市立の養老院喜生園の横だ。

ところが現在では、供養塔と呼ばれるようになっており、いまでは、立てられた説明看板にもそのように表示されている。

平家討伐にあたった源範頼は、弟の義経の活躍があまりに華々しかったせいで、平凡な武将と思われがちだが、実は大群の統制をとり、兵糧を調達しながら、苦労して、山陽路を進軍、着実な成果を上げており、壇ノ浦の戦いの時にはすでに九州へと渡っていて、背後から下関へと進軍の予定だった。

では、通説の伊豆の修禅寺で殺されたということは本当なのかということだが、当時の書物・吾妻鏡にも、平家物語にも、範頼が捕まえられたところまでは書いてあるが、亡くなったところまでは描かれていない。

佐伯区の墓は範頼の墓との確証もなく現在は範頼関係者でこの土地に後に居住した者による供養塔だろうというのが一般的になっているのだ。

かつてこれが範頼の墓とされていたころに掲げられた説明文は、どなたの文章かは知らないが、時代を背負った武将にふさわしく……

「墓石は奇しくも仇敵平氏の守護神厳島神社に向している。（中略）残夢八百年源家の武将、源平の秘史をいだいて遠く流亡、この辺土に眠る。塔頭いたずらに苔むし、訪れるはただ風雪松籟にすぎず。」と語る名文だった。　（河浜）

石内と嚴島神社

石道（旧石内）という名は、残存する文書では、ようやく鎌倉期になってから現れてくる。それは、石道が嚴島神社の神領だったからで、お米の収穫があれば、嚴島神社に一部を年貢として奉納したのだろう。

また、嘉禎四年（一二三八年）四月十七日の「伊都岐島社回廻員数注進状案」によれば、廻廊造立分として「石道分」は二間、同未造立分一間とあり、その工事（代金）を石道で負担していたこともわかる。当時は、神領となっていた各地区が神社の造営や修築を担っていたのだ。

そして、仁治三年（一二四二年）二月二五日付「伊都岐島社領安芸国宮内荘預所代請文」によると、お役人が宮内荘から佐東市へ行くのに「石道越道」を通ったと記されている。このことから、鎌倉時代においてもまだ従前のように古代山陽道ルートが使われており、当時の石内はまだ「交通の要衝」のままだったと思われる。

時は流れ、平和だった石内にも徐々に鎌倉幕府滅亡の影響が見て取れるようになってくる。二度にわたる元寇に勝つには勝ったが鎌倉幕府はやがて崩壊してしまい、後醍醐天皇が親政を行ったのが建武の新政だ。その途上においては、後醍醐天皇は隠岐に、尊良親王が土佐に流されたが、楠木正成・足利尊氏・新田義貞らの武力によって、鎌倉幕府は滅ぼされ、元弘三年（一三三三年）に新政はスタートする。

写真／岸副

「五日市町史」等によると、土佐で親王救出に貢献した有井氏が当地方を恩賞で賜って、厳島神社と提携する上で都合がいい石道に居城を構えた。

　時代はやや下って、宝徳二年（一四五〇年）四月の「厳島神社神主藤原教親申案」には、石道がついに厳島神社の神領ではなくなったことがうかがえる。

　すなわち、安芸武田氏横領分のなかに石道の名が見えるのだ（「巻子本厳島文書」）。

　さらに、その後大内氏の支配下となっていた天文十二年（一五四三年）と推定される「大内氏奉行連署書状」によれば、「石道に新たな関所を設けたために厳島神社の参詣者がいなくなった。何とかしてほしい。」と厳島社家が訴えている（「厳島野坂文書」）。ということは、石道は、今では想像もつかないほどの「交通の要衝」だったということか。

　また、厳島神社の神領だった当時からこの地は、豊富な良質米の産地だったことから、土地そのものが各武将垂涎の地だったということだ。

　さて、当時（十五～十六世紀前半まで）、安芸国守護・銀山城主武田氏は、石道で厳島神社領と接しており、厳島神領地の争奪戦が起きている。おまけに、西から勢力を伸ばしてきた防長の大内氏もこの地を虎視眈々と狙ってきており、激戦が繰り広げられた。そのため、石内の山間部には盛んに山城（砦）が築かれたのだ。石内地区の山という山は山城だらけ。中でも、その中心が水晶ケ城であり、「石道本城」として、五日市エリアの戦略拠点だったという。

　なお、広島県埋蔵文化財調査センター「山陽自動車道建設に伴う埋蔵文化財発掘調査報告」（一九八六年）は、本城、新城ともに水晶ケ城をさすとしているが、広島市歴史科学教育事業団の「有井城跡発掘調査報告」（一九九三年）は、石道本城が有井城であり、新城は水晶ケ城のことをさすとしていて興味深い。有井城はこの調査発掘のすぐあと、その大部分が石内バイパスに削られて現在に至っている。

水晶ケ城本丸跡

水晶ケ城は、城の規模が県内では意外と大きいので、これこそ石道本城だとも思うが（源平合戦の時に高山山麓の源氏大休の段との交通が至便）、両城で石内の街道筋を押さえることができるので、重要戦略拠点だったということは間違いない。この両城で通せんぼしてしまうと、たしかに厳島神社参詣客数激減に直結するのもむべなるかなである。

　そして、この地での戦いは、毛利元就が厳島の戦い（一五五五年）に勝利して安芸国支配を確定するまで続いたのだった。

　ちなみに、「熊谷家文書」によれば、石道は、たしかに天文二三年（一五五四年）に毛利氏支配となっており、毛利元就・隆元は熊谷信直に石道五日市における戦功を賞するとともに、「石道本城分」九十貫の宛行がなされている。

　また、水晶ケ城麓の臼山八幡神社には、毛利元就らが厳島合戦後、戦勝のお礼として、御輿、幕、釣燈等を寄進している。さらに、元就の孫輝元も当八幡神社を信仰し、天文九年（一五八一年）、文禄二年（一五九三年）と二度にわたって社領を寄付している。

「石道」から「石内」へ

　古来、「石道」という地名が当地での呼称として、長らく主として嚴島神社関連文書に出ていたが、どうやら十六世紀は後半、天正年間（一五七三〜七九年）に、「石内」と改称された（角川日本地名辞典）ようだ。

　「芸藩通志」の下調べ用に各村が作成した「国郡志下調書出帳」には寛文年間（一六六一〜七三年）に石内と改称されたと記しているが、元和五年（一六一九年）の「安芸国知行帳」にも、やはり「石内村」の名がみえる。

　さらに、毛利氏が安芸国支配を盤石にした天正年間には「石内」への改称が確立していたことが、たとえば、天正六年（一五七三年）三月の「白鳥社祭礼事書」（平賀家旧記／広島県史）に、「石内八幡宮」との記載があることからも間違いないようだ。

（米山）

写真／米山・岸副

永井建子と加藤友三郎

■**永井建子**・ながいけんし
慶応元年（一八六五年）九月八日　生
昭和十五年（一九四〇年）三月十三日　没

前号が「八幡の三戦記念碑」について取り上げたが、石内には「戦後紀念碑」（明治四五年《一九一二年》四月建立）があり、臼山八幡神社境内に大木に囲まれてひっそりと建っている。

「戦後」というと、「太平洋戦争の後」と思うのが常だが、ここにある戦後とは、日露戦争のことを指す。そして、注目すべきは、当時の陸軍大将（翌年第十八代内閣総理大臣就任）寺内正毅が碑文を書いていることだ。そうやすやすと、当時の大物が東京からはるか離れた石内村のために碑文を書くとは思われない。なぜなんだ、なぜだろう。そこで思い付いたのが、永井建子の存在だ。

永井建子は、「日本近代　洋楽の祖」と称えられている。

石内小学校校歌は「戦前」の昭和十一年、永井建子のつくった校歌が制定されていた。ところが、「戦後」の昭和二八年に、わかりやすい校歌へという全国的な流れの中で、「新」校歌が制定されている。ちなみに、永井建子が作曲した校歌は、石内小学校のほか、古田小学校、崇徳高等（旧中）学校、東京の早稲田実業、拓殖大学などがある。

さて、寺内陸軍大将の件。永井建子自身が陸軍軍楽隊のトップだったこともあり、時の陸軍大将寺内正毅に直接依頼したのなら、スムーズに話は進んだだろう、この事に関する豊富な傍証は後述することとする。

日本における西洋音楽の始まりは、軍楽隊からだった。いうなれ

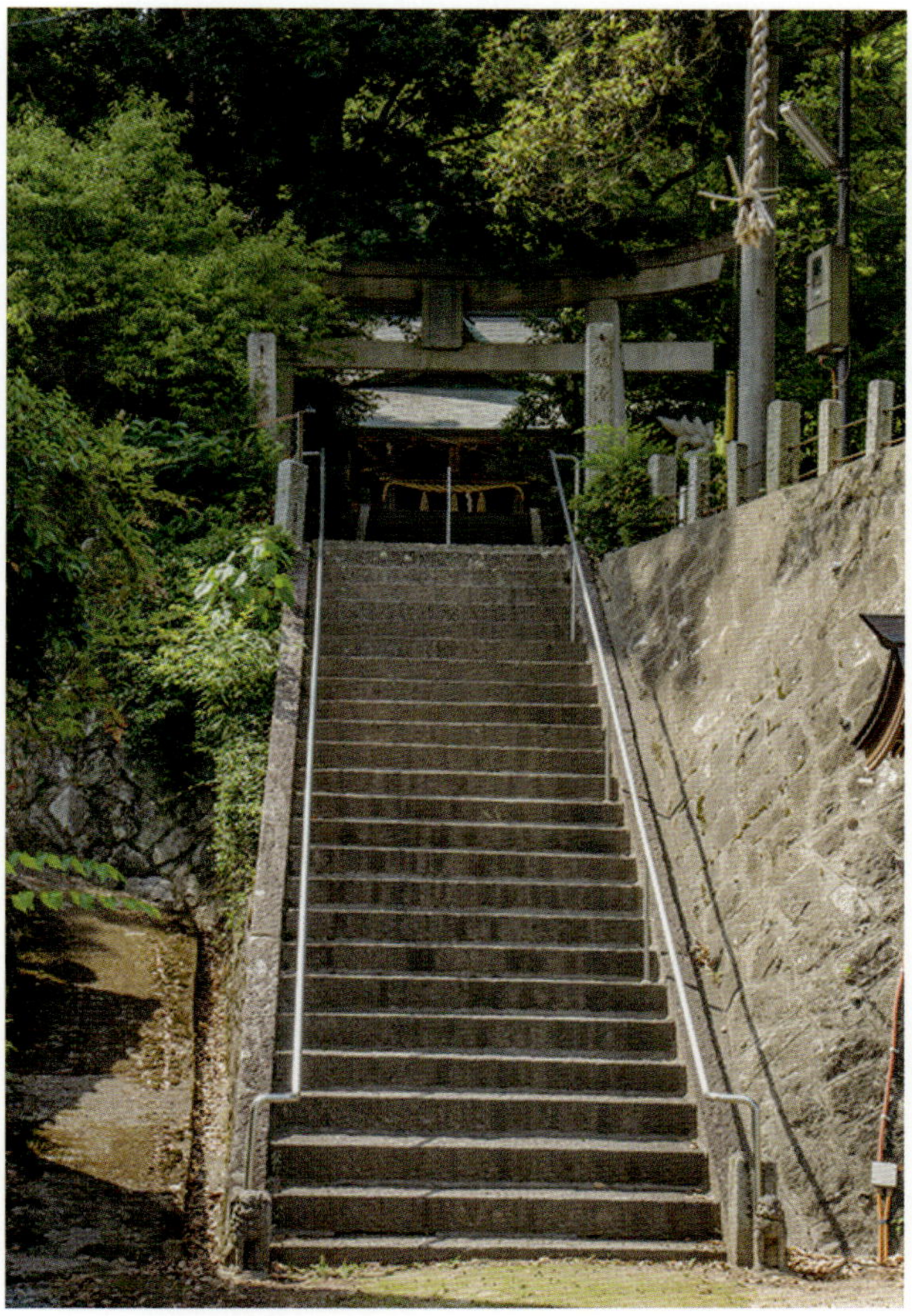

ば、我が国の元祖オーケストラだ。

たとえば、黒船でやってきて無理やり総督ペリーが浦賀に上陸した際、随行した楽隊が演奏を披露したそうだ。その時の浦賀に響き渡った曲こそが、近代日本における西洋音楽の始まりだった。ご存知のように、明治新政府は、日本を近代国家にするために積極的な欧化政策をとった。近代国家にふさわしい軍制度の整備に着手をし、日本でも廃藩置県前の明治二年には、我が国初の軍楽隊が誕生している。それゆえ、日本における西洋音楽受容のきっかけは、軍楽隊による吹奏楽だったというわけだ。

石内から上京した永井建子は、すでに明治十一年（一八七八年）、十三歳で陸軍軍楽隊幼年軍楽生となる。そこでフランス人お雇い教師シャルル・ルルーらに師事することとなり、その二年後には見事首席で卒業、陸軍教導団軍楽隊に入隊している。

その後、軍楽隊で実績を重ねた永井は明治三四年にフランス留学。一方、「荒城の月」で有名な滝廉太郎は、相前後してドイツ留学に旅立っている。

帰国した永井は、陸軍戸山学校軍楽隊隊長となり、たとえば、明治四三年（一九一〇年）には、日英同盟記念博覧会に部下三五人を引き連れてロンドンへ出向き、欧州各所でオーケストラを率いて、半年間で、なんと三七〇〇曲も演奏したというにわかには信じ難い記録が残っている。おそらく、各地で、東洋の日本という国からきた楽団の演奏会を一目見ようと、連日大盛況だったそのさまが目に浮かぶ。もちろん、半年間に渡り世界一流の各国吹奏楽隊と連日交互演奏したことはわが国の代表として、日本の文化水準の高さを欧米にアピールする重要な場であったに違いない。つまり、技術の素晴らしさもさることながら、何よりも演奏も含めて、その礼儀正しさが大称賛だったそうだ。音楽による国際親善によって、国際社会に伍するためにも大いに貢献したのだった。

翌年、イギリスの博覧会総裁のコンノート親王からは銀製の指揮杖を賜り、その上、当時も稀有だった「明治天皇との単独拝謁」という栄誉にも輝いている。

さて、永井については、近年ようやく地元をはじめとして、永井のクラシック・オペラがNHKで取り上げられるなど、音楽家としての再評価の機運がみられるようだ。

なお、大正四年（一九一五年）には、陸軍軍楽隊に三七年間勤務した永井建子の引退送別会が開かれている。場所は、自らが明治三八年（一九〇五年）初回奏楽で指揮した日比谷公園音楽堂だった。

その送別会では、陸軍軍楽隊とともに、海軍軍楽隊、早稲田大学音楽会、明治音楽会が参加し引退に花を添えた。最後は永井建子作曲のマーチ（「雪の進軍」と思われる。）で締め、演奏が終わると聴衆は感極まって一斉に万歳を叫んだという。

写真／米山・岸副

ところで、そこには気になる同じ広島出身の人物が見え隠れする。その送別会に「友情出演」した海軍軍楽隊の重鎮（当時は海軍大将、翌年内閣総理大臣）、加藤友三郎の存在だ。この二人は戦争の惨たらしさを十分理解した上で、軍人として、できる限りの「平和」を希求し続けた「男気」が感じられる人物だった。

たとえば、永井建子には軍歌「雪の進軍」がある。この歌は、日清戦争時に第二軍司令部軍楽隊員として従軍した彼自身の体験を元に作った歌で、勇ましい進軍ラッパが鳴り響くようなお決まりの軍歌ではなく、「厭戦《えんせん》歌」そのもののような、軍歌らしからぬ異色の歌詞が特徴だ。一度でもこの曲を聴くと前線で殺戮の螺旋に巻き込まれることが、いかに悲惨かということを知らしめてしまう。もちろん長らく将兵に愛唱されてはいたようだが、「勇壮でない」という理由で昭和陸軍によって歌詞が一部改訂されたり、さらには、太平洋戦争中にはついに「歌唱禁止」となる。

ちなみに、軍歌「雪の進軍」は、八甲田雪中行軍遭難事件を題材として高倉健らが出演した映画「八甲田山」で、劇中歌としても使用されている。

さて、加藤友三郎とは、いったいどんな人物だったんだろうか。

もう一人の広島人、加藤友三郎は、永井建子と同じく日清戦争に従軍し、また、日露戦争では、連合艦隊参謀長として日本海海戦にも参加している。

ただ参加したというよりは、東郷平八郎や秋山参謀らと例の旗艦三笠の艦橋に立ち続け、ともにバルチック艦隊を壊滅させた、何を隠そう、日本の勝利に大きく貢献した立役者だったのだ。

有名な「三笠艦橋の図」東城鉦太郎作・財団法人三笠保存会蔵
東郷平八郎の左で双眼鏡を持つ加藤友三郎

加藤友三郎

　加藤友三郎は、大正十年（一九二一年）のワシントン軍縮会議に日本首席全権委員として出席している。彼はそこで（日本国内の陸軍などの好戦的勢力を敵に回して）、この非常に難しい会議の成功を導いていたのだ。つまり、ワシントン軍縮条約においても加藤は条約締結を無事成功させた立役者だったのだ。

　その後も、先ほどの寺内正毅内閣の時に、非常に困難を極めたシベリア撤兵を成功させている。

　ついには、第二一代内閣総理大臣として引き続いて軍縮を実行し、かつ、任期中に病没してしまうほどに、まさに命を賭した「反戦」活動をも遂行した稀有な軍人政治家であった。

　両者の交友についての明確な記録は残っていないが、永井建子と加藤友三郎は、同じ時代を生き抜いた「広島健児」の匂いが濃厚にしてくる。寺内内閣では、加藤友三郎は海軍大臣として寺内を支えており、加藤大臣と元陸軍大将寺内首相、そして永井陸軍軍楽隊長へと人脈はつながっている。

　つまりは、永井建子は寺内正毅に、いなかの村の鎮守の森に、明治の最後の年に建つ「戦後紀念碑」への「揮毫」を依頼したものと考えられるのだ。

（米山）

写真／奥田

新藤兼人と石内小学校

新藤兼人の幼少期

新藤兼人は、明治四十五年（一九一二年）、旧石内村字和田で生まれている。その年は明治天皇が七月三〇日に崩御、大正に改元された年にあたる。

新藤家は、当時、石内村有数の豪農だったが、父がお坊ちゃん育ちで生来のお人好しだったということで、ついには破産してしまい、子供４人を含めて一家離散の憂き目を味わっている。

本名は兼登。母べったりの相当の「甘えん坊」だったようで、まるっきり母の「腰びょうたん」でもあったと、のちに新藤は述懐している。つまり、母親に付いて回る「腰キンチャク」の日々だったようだ。しかし倒産後、やがてポツンと残った土蔵で死んでいった母への憧憬と、一家離散による塗炭の苦しみを乗り越え、さまざまな映画の世界で下積みから這い上がり、やがて新藤は、数々の名作を世に送ることになる。

石内尋常小学校卒業写真

新藤の思い出の生家は、ゆるやかな斜面を下って平地にいたった一番下の平地にあった。石垣を築き、その上に白壁の塀をめぐらし、広い築山があって、棟よりも高い樅《もみ》と銀杏の樹があった。家は、備後地方の典型的な四つ目建ちの造りで、大屋根は裾に瓦を葺き、棟は瓦で、そのなかほどは茅葺きだった。表に、玄関の間、仏間、座敷、と並び、裏に寝室、納戸、中之間、台所、となっていた。表のくぐり戸をはいると、広い土間が台所に向かって通し土間となっていた。土間の上には、がっちりとした梁が組まれ、大黒柱は子どもに腕でひとかかえもあった（「祭りの声」）。

　このように、のちの「新藤少年」の瞼の奥には、楽しかった家族との思い出とともに、家の隅々までの情景が、すぐさまくっきりと浮かんだのだろう。

　新藤兼人の息子新藤次郎氏はこう述べている。

「新藤兼人にとっての広島は特別なもので、母なる風土といってよいと思います。多くの作品は石内の母を描き、家族を描いてきました。近年の作品『石内尋常高等小学校　花は散れども』と『一枚のハガキ』は自分自身を主人公に長い人生を振り返る映画で、より広島の風土にこだわりました」

　新藤は長い間、故郷石内のことをあえて遠くから、母の思い出とともに眺めていたのではないだろうか。まるで、ふるさととの距離を、自ら置くかのように。少なくとも東京オリンピックが開かれた一九六四年時点では、新藤の色紙から、ただただ望郷の念が高まっている様がうかがえる。

　そして、六〇歳の時に初めて石内小学校の同窓会に出席。昭和が暮れようとする一九八八年には、石内小学校を訪問し、後輩の小学生達に話をした。

　ついに、ふみしめることができた「ふるさとの道」は、新藤にとっては、はたしてどんな「道」だったのだろうか。

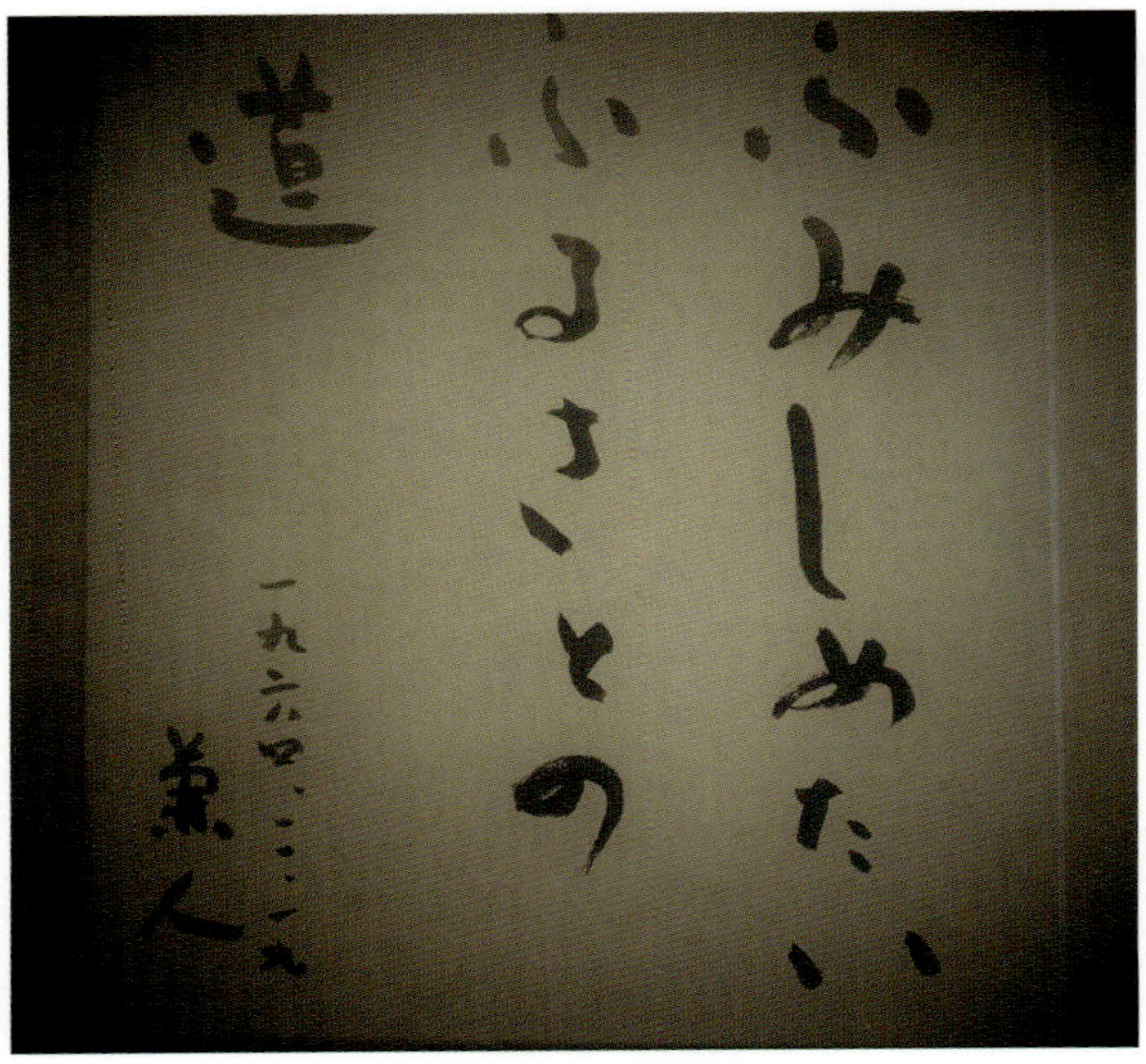

写真／岸副・奥田

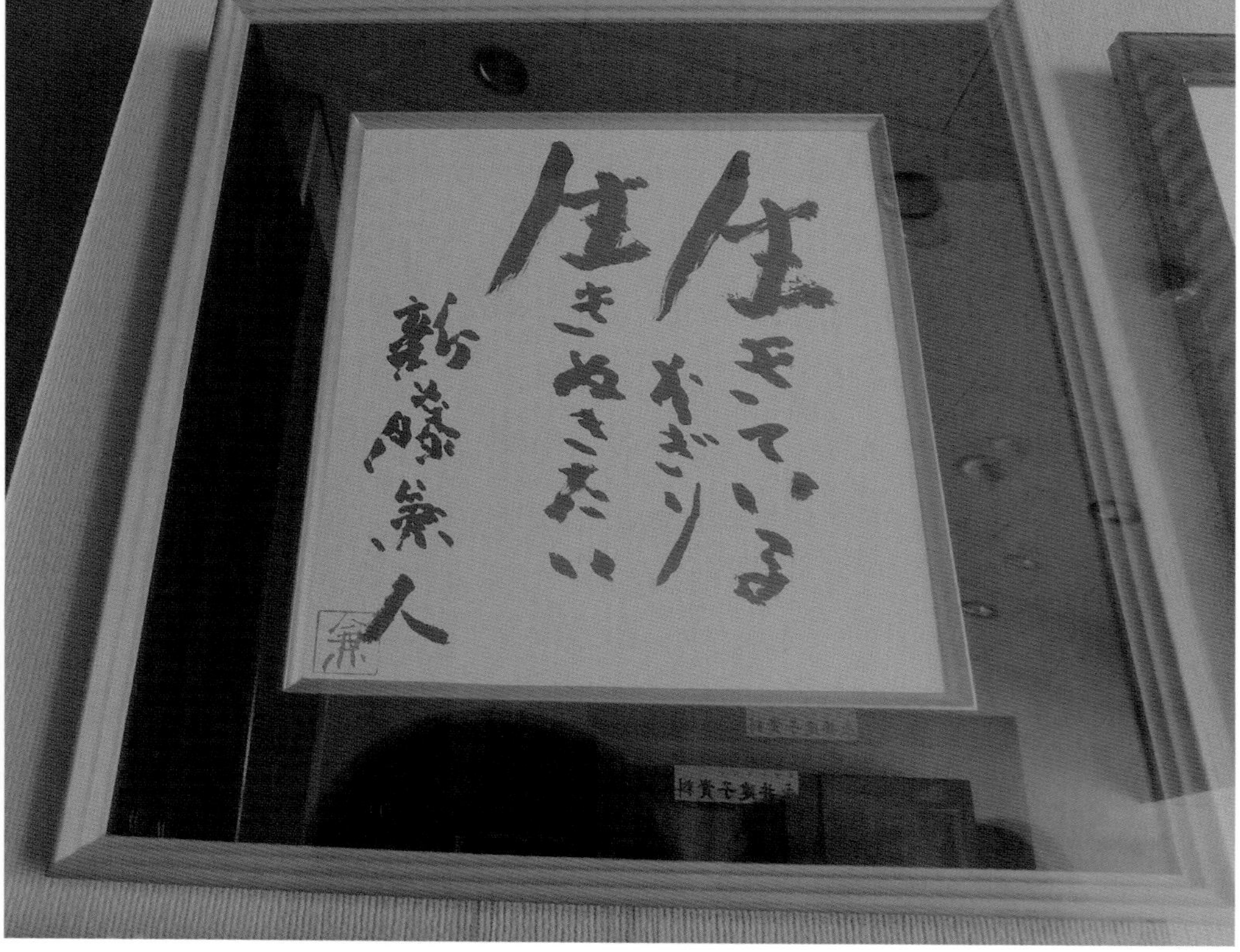

一九九五年に、新藤兼人は母校の開校一二〇周年記念講演に招かれている。その時の「監督」は、愛妻乙羽信子を亡くして間もないころだったが、幾多の試練を経ながらも日本映画界に燦然と輝く栄光を手に入れた不屈の男の姿がそこにはあった。やや、はにかみながら。そして、その時の、石内小学校の講堂を埋め尽くした地元の人々や石内小学校の子どもたちの笑顔が、新藤監督に「石内尋常小学校　花は散れども」を撮らせたんだなと確信させるに足る、それはまことに暖かくも感動的な講演会だったことを思い出す。

「生きているかぎり、生きぬきたい」

当時、広島で開かれた映画祭（現広島国際映画祭＝部谷京子代表）でも大きく掲げられ、彼が亡くなる前年には、映画祭の中で新藤映画が次々と上映された。また、この映画祭を通じて、彼の映画（裸の島）に登場した三原市沖の宿禰島が、映画ファンを中心として無事買い取られたのである。

現在も、石内公民館には色紙の「実物」があり、見る人の胸をも打ち続けている。この新藤兼人の高らかな宣言は、本人の素直な気持ち、だけれども不屈の闘志を内に秘めた大変強いメッセージだ。

今日も、新藤兼人の「魂のメッセージ」が、石内から世界へ向けて発信し続けられている。

石内小学校校歌

　永井建子は石内尋常小学校の校歌に「高き山　長きみず～」と書いた。そして、新藤兼人は「高い山から　ひとしずく～」と、自身の映画「石内尋常小学校・花は散れども～」の中で校歌を作っている。

　その映画上の架空の「劇中校歌」の二番で、

「理想は高く　伝統の
歴史の声は　高らかに
希望の星よ　輝けり
清く正しく　絆は固い
あ～石内健児　石内小学校」と、

まさに歌い上げている。

　九十六歳の時に撮った映画において、わざわざ自身オリジナルの母校校歌を歌ったところが新藤兼人の生きざまとでも言おうか、彼の百年を貫いた生き方の根幹のようなものが垣間見れる。そして、新藤は百の齢に近づいても、再び石内小学校に戻り、自身の「校歌」を、高らかに歌い上げたのだ。この「校歌」を石内小学校で歌うためにも、新藤は生き続けたに違いない。

　新藤は「石内健児」として、逆境の荒波がたとえ続いたとしても、その不屈の精神で、ついに一世紀に及んだ生命を見事生き切った。戦争末期に招集された時、同期一〇〇人のうち九十四名が戦死したという、何とも無謀な時代を生き残り、「戦後」は、まさに、「生きている限り、生きぬいた」のだ。

　新藤はついに故郷石内と戦争を、はにかみながら、しかし笑顔で、映画を武器にしっかりと「踏み」しめたのだ。時空を超えたあまたの「石内健児」とともに。

（米山）

写真／奥田・岸副

ことば集 1

絆

糸へんに半分と書くんだね。絆という字は……。

そうだ、持ってるのは半分だけ。残りの半分を誰かが持ってくれないかぎり、絆を結ぶことはできないんだね。

和

人が座敷に座るとき、四角に座ろうと、三角に座ろうと、いびつな形に座っても、「輪になって座る」といいますね。

そうです。

輪が和になるんですね。そして、「和」という字は和《なご》やかとも読むんです。

寂しさ

寂しさは、乗り越えるもんじゃない。
慣れるんだよ
慣れるんだ。
だって、寂しさは、
いつも、人の傍らにあって、
人生と同じ速さで
ついてくるから……。

タイム

時間は絶え間なく流れていく。何にも言わずに、自分と自分の周りの人々の間を……。

喜びは時間の流れより速く、哀しみは時間より遅く、淋しさは時間とちょうど同じ速さで流れていく。

だから喜びはあっという間にすぎ、悲しみは何度も追いついてくる。そして、人はいつも淋しさを背負って生きている。

BGM

じめじめしたくないときは、
ノラ・ジョーンズ。
落ち着きたいときは、
カーラ・ボノフ。
小さな音が欲しくなるアンニュイな
昼下がり。

午前1時

寒いのを我慢して、窓を開けてみる。アールグレイの香りは、流れ込む夜の空気で一気に薄まってしまった。耳をすますとどこからか、〝Water is wide〟が小さく聞こえてきて、なぜか夜の帳に似合っている。

遠くに見える街灯の明かりが、古ぼけた黒い屋根瓦に黄色い光を投げている。少しうつろに時間が流れる午前1時……。

写真／岸副

写真と言葉

ことば集 7

川が流れている

緑の中を川は流れている。

いや、川のほとりに、緑があふれるように萌え出ている。

川と緑の季節。故郷はそうした季節を繰り返してきた、太古の昔から繰り返してきた。

朝

必ず明けるとは知りながら、見上げると空は一日で最も暗く、星もまばらに見える時間がある。でもその時間を過ぎると太陽は東の空の向こう側で出発の身支度をはじめ、その光を万の角度に広げ始めようとしている。朝の気配……。

そして、どこかで大きなトラックのエンジンをかける音がした……。

道程

「ぼくの前に、道はない。ぼくの後ろに道はできる」と高村光太郎は言った。

そう、道は野山を切り開いてできるもの。自分の前に道がなくなったと感じるとき、そのときが一番大切なんだね。そして振り返ればそこに道ができているんだ。さあ、頑張れ自分。

午前2時

アイリッシュミストにヨーロピアンブレンドのコーヒー。もう寝ようと思っているのに耐熱グラスを取り出してしまった。曇り空、星も見えない、午前2時。

明日へのトンネル

眠りにつくことが、妙にもったいないという気になったことはありませんか？　眠いのに、明日へのトンネルの手前で少し足踏みをする……

空気の糸

空気の糸。それは、夏の終わりに突然すっと細く張る。秋の空気がピン張っているのは細い空気の糸のせい。そして、秋から冬へとだんだん太くなる。冬の寒さの中で走ったりすると耳が真っ赤になるのは、その糸が耳にあたるせいだ。

その糸も春には溶けだし、ゆるみ、ふわふわの空気に……。梅雨には溶け切らない糸が途切れて空中に浮かんでいるのだが、夏には蒸発して、空気はカラッと乾燥してしまうのだ。

そして、夏の終わりの朝に、また音もなくすーっと細い糸が張る。こうして秋という季節は突然にやってくる。そしてそのように一年は過ぎていくのだ。

写真／岸副・奥田

地域デビューの居酒屋さん

地域コミュニティーを形成するいろいろな団体が、それぞれの地域にはある。

例えば地域の学校の保護者の会、福祉団体や地域のスポーツ同好会、おやじの会や公民館などの活動団体にスポーツ少年団の保護者の会、さらにはそれぞれの町内会など……。そういった会の仲間たちが集うたまり場的な居酒屋がある。いずれ劣らぬ美人ママさんの店だ。

アラレちゃん

まずは、八幡1丁目八幡本通りに面する居酒屋「アラレちゃん」八幡地区の町内会にデビューするには、このお店が最適だ。元々昭和五六年にお好み焼き屋さんとしてスタート、五九年三月には居酒屋に改装、以来地域に愛されて現在に至っている。平成二六年には、広島サンプラザで30周年記念パーティーも開催、威勢よく、かっこいいハンサムママは、お客様を楽しませるエンターティナーだ。

ルビー

城山の城山郵便局前で営業する「ルビー」も地域密着のお店として有名。八幡小学校や城山中学校の保護者や地域活動団体御用達の店だ。カラオケあり、料理は日替わりで、メニューらしいメニューも見当たらないが、食材に合わせて見つくろった料理がうまいし安いし……。「ただいま」と言って帰りたくなるお店だ。こちらも美人ママ、サラサラヘアーと気配りが人気で、地域の支持は厚い。

それぞれの地域にデビューするには、まずはこの2軒へ……。

ルビー

アラレちゃん

●アラレちゃん
広島市佐伯区八幡1丁目5-25
電　　話：082-928-2509
営業時間：18:00～23:00
営 業 日：木金土の週三日

●ルビー
広島市佐伯区城山1丁目4-29
電　　話：082-922-4426
営業時間：17:00～24:00
定 休 日：毎週日曜日

あんでぃ　十九歳、「その歌声には風が吹いている。」

広島で最も有名なライブハウス「ジャイブ」。そこに初めて歌声を響かせたのは十七歳の時だった。きれいに澄んでいながら、少しハスキーなかすれ声が混ざる玄人受けするさわやかな歌声。それを聞いたこの店のオーナーで有名な柳ジョージとレイニーウッドのキーボーダー「上綱克彦」氏は、

「あんでぃの声には風が吹いてるね。」と表現した。

たまたま中学生の時に見たステージがこの世界への扉を開く。熱を帯びた空間・表現される感情の揺らめき。こんな風に「歌うこと」で人を感動させる立場になりたい。しばらくしてギターを手にしたのは、森山直太朗の影響だという。

活動の輪はどんどん広がっていき、あこがれのステージ・クラブクワトロに立った時には、共演したミュージシャンたちもやはりあこがれの人たちだった。

また初めてワンマンライブを行った時の感動は、その後もシンガーソングライターとして頑張っていこうと決意させるに十分だった。

昨年は母校である三和中学校と広島商業高等学校で歌う機会を得る。

特に三和中学校では文化祭のステージで、全校生徒の目が自分に注がれる前で歌った。「私の夢は歌い続けること。みんなも夢を持ち続けよう」というメッセージは、後輩たちに届いたのだろう。ライブ終了後には多くの生徒が声をかけてくれたという。

「これからの目標は？」、「はい、活動を全国に広げ、自分の目であちこちを見てみたいです。そしていろんなところで歌わせてもらい、厳しい評価もいただいて成長できればと思っています。」

「等身大の想いを歌詞にのせ歌うシンガーソングライター」あんでぃ。風を感じさせるその歌声は、これからどこに感動を運んでいくのだろうか。

写真／岸副

映画に主演　信永美香

コイン通りに面して営業を続けるエステティックサロン「Vif」、その店長「信永美香」さんは、ここ数年映画やテレビコマーシャルに出演して、話題を集めている。

　初めて映画に登場したのは、常盤貴子が主演し、芳根京子や藤田朋子も出演した「向日葵の丘1983年夏」350人のオーディションから選ばれた30人に入っての出演。彼女は若妻役を演じた。

　また3年前、お母さんが経営し、本人も手伝っているライブバー「ワンナイト」を会場に行われた佐伯区アートフェスタの映像部門「吉松幸四郎監督作品上映会」をきっかけに、吉松作品に次々に登場、短編「約束」、中編「忘れ花」に出演後、長編「世界樹の見る夢」では主役を務める。その後、二つの長編「雲の通い路」「きまもり」にも出演している。

　さらに二つのテレビコマーシャルのほか、総務省が募集した消防団PR動画のコンテストでは、集まった63作品の中で最優秀賞の栄冠を勝ち取っている。

「自分のセリフのしゃべり方だけで、相手から返ってくる言葉のニュアンスが変わってくるんです。普段の生活もそうなのかもしれないって気づいたんですよね。何もかもが勉強です。」

　仲間と作り上げる映画の製作現場に流れる空気や完成の感動にのめり込んでいることが、生き生きと語る様子に現れ出ていた。

田舎タレント　吉田　峻

ちょっと風変わりな生き方を選択した男がいる。しかも明るくさわやかなイケメンだ。名前は吉田峻。湯来町上多田に在住する二十六歳。「田舎タレント」という名で売り出し中で。その活躍は話題を集め、現在FMはつかいちで、週1回イブニングデライトという番組を担当。「ひろしまF Do」というフットサルチームのアリーナMCも務めている。

また、NPO法人湯来観光地域づくり公社の理事として過疎化した湯来の地域おこしに、カヌー・山登りや田舎体験をコーディネートしている。

転機が訪れたのは大学生の時。立ち上げた「STILE」という団体で、学生のキャンプを企画したり、エディオンスタジアムで、フットサルとカウントダウンの企画を行ったり、議員を呼んでの対話集会を行ったりもした。

さらなる転機は湯来との出会い。この団体に地域おこしへ参加したらという提案が……。彼は限界集落と言われる地域に移住。田舎タレントして発信を始め、地域内外のイベントに参加。現在でも湯来の良さを広める活動を行っている。

もちろん自身も米作りなどの農業体験をして「食」の大切さを考えたり、「ありがたさ」を体感したりしている。

田舎には問題が山積している。空き家再生・耕作放棄地の復旧・少子化に伴う教育環境維持・高齢者医療などは一朝一夕には解決できないが、取り組む本人は明るい。

「近所のお年寄りが、とれたての野菜をやろうと朝6時過ぎには訪ねてくるんですよね。」と笑わせる彼に、エールを送りたくなる。「頑張れ、田舎タレント」と……。

写真／岸副

プロの店、トケイファクトリーⅡ

コイン通りに面して営業する「トケイファクトリーⅡ」は、その技術力で勝負するプロの店だ。

店主の藤冨芳夫さんは、大学卒業後「セイコーウォッチ株式会社」に就職。元々時計に興味があっての進路選択。セイコーの卸販売会社で日々を重ね、広島から東京へと転勤したりもした。そんな時期に時計業界が不況期を迎え、帰広を決意。仲間とともに東区愛宕町に「トケイファクトリーⅠ」を設立、さらに独立して佐伯区の現在の店を開く。

なんと言っても「機械式時計」の魅力に取りつかれているという。

「他の店で修理を断られて当店に持ち込まれた機械式時計を直して、喜んでもらえたときには、私も本当にうれしくなります。」

その技術力の高さから、この店のそういったエピソードは枚挙にいとまがない。

持ち込まれる時計には、かなり古いものも多く、部品を探すだけでも大変だ。

亡くなった父の形見だと言って持ち込まれたもの、中学時代に両親からもらったものだと大事そうに持ってこられるケース。夫が生前に身に着けていたものだと言ってお持ちになるご婦人。逆に子供にもらった大切な時計と言われる場合もある。戦前のものかなと思える柱時計の場合もあった。

そんな時に「公認時計修理士」の腕が鳴る。そして、時計を受け取っていただく時には、涙ぐまれるお客様も……。そんな場面に出会うときには、職人冥利に尽きるという。

●トケイファクトリーⅡ
広島市佐伯区五日市中央
5丁目 1-8
電　話：082-922-3711
営業時間：10:00 ～19:00
定 休 日：木曜日

プロの店、小田表具店

八幡で開業して四十八年というから昭和四十五年の開業。抜群の仕上がりで地域の表具店としてその名も定着している。

営業品目は、ふすまの張り替え、障子の張替え。商圏は西は大竹・岩国から、東は東広島方面までお客さんが広がる。

とにかく、表具一筋のベテランの技、その父親の職人技にほれ込んだ息子も、技の伝承にと後継ぎ志願。今では息子の信頼も厚い。

そして、おかみさんは、八幡本通り商店街の顔だ。佐伯区青少年を育てる会の八幡代表理事やつくしの会（寺地地区の婦人の会）会長として、秋祭りなどの地域の行事の世話係も務める有名人。明るく、愉快なお母さんとして、地域の皆さんに愛され、また、しっかりと地域を支える大活躍を見せている。

おかみさんに、小田表具店のモットーは？と聞くと

「地域に根ざして……う〜ん」

とちょっと悩んでみせながら

「モットーというよりは当たり前のことじゃけど、ていねいな仕事をすることよねぇ」

と謙虚に一番大切な答えが返ってきた。さすがだ。そのていねいな仕事と確かな技術が、地域の信頼をしっかりと勝ち取っている所以だ。

現在、佐伯区にあった表具店も数が減っている。その中で小田表具店は、将来に向かって、その伝統を継承している。

●小田表具店
広島市佐伯区八幡４丁目
4-16
電　話：082-928-5232

写真／岸副

佐伯区在住の女性演歌歌手

佐伯区出身の音楽家・ミュージシャンは多い。世界的な指揮者の大植英次、パンの笛奏者の岩田英憲、元ローランの高田康・三村均、元ザ・カレイドスコープの石田匠、ジャズギタリストの高免信喜、ほかにも綺羅星のごとき多くのアーティストを輩出している。

昨年の「佐伯区本」では、楽々らっきーず、山根隼人、soula、高橋一之、寺本隆、Luv La Rosso、RED☆EYE、藤岡恵理子、隣雅夫、ムカイダー・メイと……、クラシックからポピュラー・ロックまでのミュージシャンたちを取り上げた。

今回の「続佐伯区本」では佐伯区在住の女性演歌歌手を取り上げてみたい。

尾本喜代美

平成二六年に「演歌ひとすじ女節」でデビューした。

佐伯区在住で、平日は佐伯区内の郵便局に勤務していることを公表している。

従って歌手活動は、土日祝日を中心の活動ということになる。

今までに、フラワーフェスティバル、広島花火大会ステージ、西条酒まつりなどに出演。楽々園で二ケ月に一回開かれている宮島街道ふれあい祭りでは、毎回オープニンググループの一人としてその歌声を披露していた。（宮島街道ふれあい祭りは、現在休止中。）

ニックネームは「コロンちゃん」。歌うとコブシがコロコロとまわることから「コロンちゃん」と呼ばれるようになったという。

毎週月曜日　午後7時から1時間、FMはつかいちにて「コロンちゃんとキラキラ歌仲間」にパーソナリティーとして出演中だ。

沢 けいこ

佐伯区在住、佐伯区八幡出身。子供のころから歌が大好きだったという彼女は、美空ひばりの「花笠道中」を十八番とする大人顔負けの少女だった。

高校生の時に音楽の先生の紹介で著名なバリトン歌手益田はるか氏にクラシック・カンツォーネを習い、ピアノ・エレクトーンも本格的にレッスンした。その後カラオケ大会でグランプリなど多くの賞を受賞、全国大会でも3位になった実力が認められて、2005年に徳間ジャパンからデビュー。

現在までにCDシングルを5枚リリース。2017年に「哀愁歌～北へ～」「人生勝負」をリリース、通信カラオケでは、DAM・UGA・JOYで配信、ユーチューブでも検索できる、また、テレビ歌謡チャンネル「カウントダウン100」でも放映、地元広島を拠点に、県外のイベントや老人ホームなどの慰問とその活動の場を広げている。「演歌の魅力とは人生そのもの」と語る彼女、地元のイベントには欠くことのできない存在となっている。

瀬戸香月《かづき》

西区出身・佐伯区在住の明るく行動的な女性、その歌唱力は誰もが認める。

数々のカラオケ発表会やコンテストで優勝を果たしたことが認められ、作曲家から声を掛けられる。十四年前に、デビューし、「夢恋花《ゆめこいばな》」「夜桜恋祭り」というおなじみのレパートリーを持つ。デビュー当時は本名の白井直子で歌っていたが七年目に瀬戸香月に改名、「ほろ酔い月夜」「愛を忘れないで」でクラウンミュージックより全国デビューを果たした。

「地域のイベントなどにも協力させていただきながら、頑張ってまいりますのでよろしくお願いします」とのこと。

黄色い彼岸花

黄色い彼岸花はヒガンバナ科ヒガンバナ属、学名 Lycoris aurea（リコリスオーレア）。正式名称はショウキズイセン（鍾馗水仙）。鍾馗とは、疫鬼を祓い病を除くという神で、端午の節句に飾られるあの鍾馗様。赤い彼岸花は、学名 Lycoris radiata（リコリスラディアータ）で、厳密にいうと黄色い彼岸花は彼岸花ではなく、近縁種ということになろうか。

彼岸花は別名「曼珠沙華《まんじゅしゃげ》」ということはよく知られているが、これはサンスクリット語の「マンジュシャカ」が変化したものと言われており、この名が彼岸花という名よりも先に使われたものと考えられる。

ところで、我が家には、白い彼岸花が咲く。学名 Lycoris albiflora（リコリスアルビフローラ）。赤と黄色の交雑種という。

ワサビの花

ワサビは葉が葵《あおい》の葉に似ているため「山葵」と書いてワサビと読む。

学名は「Eutream japonicum Koiz」でjaponicumと日本国の名がついた学名を持つ。もちろん日本原産種だ。

飛鳥京跡苑池遺構（奈良県明日香村）第3次調査資料によると、飛鳥時代の遺跡からから出土した木簡に「委佐俾《わさび》三升《さんしょう》」と書かれていたという。これがわさびについて記された日本最古の史料だ。

平安時代の「本草和名」にも、「和名類聚抄」にも「和佐比」と記されている。

深山幽谷の清冽な渓流沿いでは、今でも自生する場合があるというが、今では、もっぱら山葵田で出会える。花は、軽く湯通しして密閉容器に入れておくと独特の風味のおひたしになる。天ぷらも旨い。

写真／奥田・田中

ミヤマエンゴサク

トンガリ帽子のような青紫色の花をつける。春先に広葉樹の木の下の、まだ広葉樹の葉が広がる前のじゅうぶんに陽の当たる地面に花を咲かせる。

ところが、薄緑色の若葉が広がる頃には、葉もともに、地上部分はすべて枯れ落ち、その後はじっと地中で地下茎のまま春を待つ、可憐だね。

ところでその名はどういう由来なのかと首をかしげる珍名さん。漢字で書くと「深山延胡索」。延胡索という不思議な呼び名は、この仲間の中国名だ。

延胡索の仲間の一種は、漢方で根元のかたまりを茹でて乾燥したものを腰痛や膝痛・腹痛等の鎮痛薬とするという。その薬は、現在でも延胡索の名前で市販されている。

キバナノアマナ

キバナノアマナは漢字で書くなら「黄花の甘菜」と書くということだ。キバナアマナと「の」を抜いて言うこともある。

近縁種のアマナは、白い花を咲かせ、球根はユリのようにおいしい。それに対してキバナノアマナは文字通り黄色い花をつける。

花弁がユリよりも細く見え、ユリより少し貧弱な黄色い花といった感じ。

陽の当たる草むらや田畑の土手、また、林の縁などに生育し、花は4月から5月に咲く。

写真／田中

イヌタデ

野原や道ばた、水を引く前の田んぼや畑に、ふつうにみられ、紅色が美しい。赤い花や果実は赤飯に見立てられ、「あかのまんま」と呼ぶ地域もあるという。

広大な畑や田んぼ全体を覆うこともあり、圧巻の景色を醸し出す場合もある。

一つ一つの花は小さく、四月から十一月までの長い期間のうちのいずれかの時期に咲く。その後実を結ぶ果実の色は、さらに濃い紅色にあたりを染める。

イワカガミ

イワカガミは常緑多年草で、分厚く光沢のある葉を持っている。ツヤツヤした葉っぱだ。その名は、葉の光沢を「鏡」に見立て、「岩場に多く生える光沢のある鏡のような植物」という意味の「岩鏡」から来たもの。

低い山から高山まで見ることができるのだが、種類としては高山植物の一種に数えられる。

花は、四月から七月につけるが、イワカガミの中には白い花をつけるシロバナイワカガミもある。イワカガミそのものは薄紅色の花をつける。少しうつむいた花の角度がおくゆかしい。

写真／田中

ミヤコグサ

学名 Lotus japonicus と言い、この花も日本の国名をその名に持つ。漢字をあてるなら「都草」となる。京都や奈良に多く咲いていたのか。

道ばたなどによく見られ、春にたくさんの黄色い花をつけるが、それ以外の季節にも少しずつ花をつける。

茎は斜めに立ち上がる。

田畑のほとりに多く、親しみ深い。

果実は豆で、インゲンをそのままミニチュアにしたような感じのかわいらしい豆をつける。

花言葉は「気まぐれな心」「また逢う日まで」。

白川神社とイチョウの木

白川神社は正式には、白川黄和田神社という。明治の終わりの一村一社令によって、もともとこの地にあった白川八幡神社は、河内神社に合祀されたため、寂しく思ったこの地の住民が河内地区にあった小祠からご神体を遷し、白川喜和田神社としたという。

傍に立つイチョウの木は高く、自らを黄色く染める秋には、まず上の方から黄色くなり、次第に下のほうへと色を染めていく。まだ下の方が緑色にとどまっている時には、黄色から緑へのグラデーションとなり、それはそれは美しい。

幹線道からちょうど正面に見えるため、秋から冬への季節の証人となって、人々の目を楽しませる。

写真／田中・岸副

八幡川の付け替え工事と古川

佐伯区五日市のコイン通りのほぼ中央に、広い駐車場を持つイズミゆめタウン五日市店。その駐車場に出入りしたことのある方なら、もしかしたら、お気づきになった方もおられるかもしれない。

コイン通りから奥に進むと南北に走る路地をこえて、まず細長い駐車場があり、左手に「コメダ珈琲」を見てさらに進むと、わずかな距離なのにまたもや南北の路地にぶつかり、その奥に広い駐車場が見える。短い間にどうしてこのように南北方向の道路が2本並んでいるのだろうかと疑問がわく。

実は、このあたりの地名を調べると答えはすぐにわかる。実は、このあたりの古い地名は「古川」という。かつて江戸時代の前期までは佐伯区を貫く八幡川は、ここを流れていたのだ。南北の二本の道はその川の両岸の土手に当たる。

八幡川は、八幡を流れたのち落合橋を過ぎたあたりで石内川と合流し、不自然に流れを東にとるが、かつてはまっすぐに南に流れていた。そして、そのままコイン通りの東を南下し、現在のコイン通りの南の端の五日市陸橋の北のパチンコ店が立ち並ぶ当たりの裏手で海に出ていた。その東は室町時代まで五日市城があり、川はその堀の役割も果たしていたと考えられる。

また、旧八幡川の東側は、大雨の際に水が引きにくかったので「水長《みなが》村」と呼ばれていたが、このことで水はけがよくなり皆が喜んだという意味で「皆賀」という字をあてるようになったという。

（拙著、西広島タイムス「歴史散歩・宮島街道」より転載。）

写真／岸副

湯蓋道空社と塩屋神社

佐伯区の五日市の港の近く、海老山の西側のふもとにある神社が塩屋神社だ。

かつてこの神社は海に面し、鳥居も海中にあった。平安末期、壇ノ浦の戦いに赴く源氏の白旗の軍船が、この遥か沖に船を泊め、船上から戦勝祈願をしたとの伝説を持つ。平安時代にはすでにこの地に鎮座していたらしい。当時はこの山は独立した島だった。時期から考えると、この軍船を率いたのは、かの源義経とも考えられるといわれている。

五日市沖の埋め立てにより、海岸線ははるかに遠のき、かつては港の入り口にあった、青い光の灯台も今はない。

神社は、良縁を結ぶ神として、信仰を集めており、けやき坂と呼ばれる坂を上がると、拝殿の前にけやきの大木がある。その木の後ろ側に回って枝を見ると、まるで人差し指と親指でOKのマークを作っているように見える。

境内には、かつて港の西側にあった竜宮神社が移されており、これは竜宮城の乙姫様をお祀りする神社だ。

また、建てなおされた湯蓋道空社という小さな社が塩屋神社の北側に新築されている。湯蓋道空は、室町時代の人物と考えられ、嚴島神社の中の客《まろうど》神社の改修に多額の寄付をしたと言われる。また、湯蓋という地名も残っている。

この湯蓋道空《ゆぶたどうくう》の子供の湯蓋道裕《どうゆう》が、親の言うことを聞かなかったという伝説の主人公「あまんじゃく」である。

かつての例大祭では、佐伯区唯一の島である津久根島を御座船で回る神事を執り行っていたという。

さらに、嚴島神社の管絃祭の時に、「火《ひ》振《ぶ》り祭《まつり》」を行い、地御前につく御座船に向かって、たいまつに火をつけて振り、「ここまで来て」と合図したという。

写真／岸副

あまんじゃく伝説

「あまんじゃく伝説」についてお話しよう。

あまんじゃく伝説は佐伯区五日市地方に伝わる伝説で、湯蓋道空《ゆぶたどうくう》とその息子・道裕《どうゆう》の伝説だ。

『道空は、妻と二人で塩屋神社の近くの海老山に住む貧しい漁師でした。道空は信仰深い人で、嚴島神社に向かっていつも手をあわせていました。

ある日、夢枕に立った宮島の弁天さんの言うとおりに沖に出て網を入れると、浜や海底は砂金となり、夫婦は砂金を船に積んで家へと帰りました。

その後二人はこのお金を、古くなった嚴島神社の客神社の建て替えや補修のために使ったり、塩田を開くのに使って、世のため人のために努めたのでみんなから尊敬され、「道空さん、道空さん」と親しまれるようになりました。

ところが二人の息子の道裕は、親に反抗する悪童でした。いつも親の言うことの反対の行動をします。右といえば左、海といえば山といった具合にことごとく父親に逆らったのです。

道空が死の床に就いた時、息子の性格を考えて、家の近く海老山に墓を建ててくれと言っても言うことを聞くまいと、「わしの墓は、五日市の沖の津久根島《つくねじま》に建ててくれ」と言い残したのでした。

ところが、あれほど親の言うことを聞かなかった道裕も親の遺言だけには、逆らうまいと、五日市の沖合の津久根島に、道空の亡骸を葬り、お墓を建ててしまったのでした。

結局道裕は、一度も親の言うことを聞かなかったのだとさ』

この伝説には、細かいところの違ういくつかの話や道裕が嵐の中で津久根島で死んでしまうという後世に付け加えられた話もよく語られる。他にも何種類かの続きを語る人もいる。

嚴島神社の客神社の建て替えに寄付をしたと伝えられる道空。道空は、豊漁に次ぐ豊漁で大金持ちになったともいわれるが、実際には漁網づくりで財を成したのではないかとも言われている。その後、湯蓋氏は、現代までその直系の子孫を残し、また地域の古い地名や踏切の名に「湯蓋」の名を残している。

海老塩浜と塩田

佐伯区が元五日市町と呼ばれていたことは御存知の通りで、その後湯来町が合併して現在のような枠組みとなっている。

八幡・石内・河内地区が合併される前の旧五日市町は、それ以前の一時期、五海市村と表記され、江戸時代までさかのぼると、皆賀村・五日市村・海老塩浜村が大きな集落を形成していた。

その一つ海老塩浜村の名のごとく、佐伯区には塩田があったのだ。佐伯区の海老山《かいろうやま》の西側には、かつて、五日市港から続く掘り割りがあり、その掘り割りの西側一帯は、江戸時代につくられた干拓地で、その三分の一を占める広大な土地が、入浜式の塩田だった。もっとも栄えた時期には、三筋川河口にも広がった塩田があり、この地域を海老塩浜とよび、良質の塩は浅野藩の有力な産物ともなって、県北に供給した。

江戸時代には、この地の北側をつらぬく西国街道からも広大な塩田が見えたに違いない。塩の生産高は年間千百石ともなったというが、江戸後期に向かってその生産は次第に衰え、明治末期にはついにその生産が途絶えた。

現在、楽々園の広電ファミリータウンの南側から、東へ向かうと塩屋神社まで直線の道ができている。この道はかつて沖土手と呼ばれた塩田の南限で、その沖土手の南側は海だった。浜には、広い牡蠣ひびが海の畑のごとく広がっていた。

沖土手を貫く道は、現在も一部当時の道筋を残している。その沖土手の北側には、入浜式の塩田の跡があり、塩田の歴史を残そうとコンクリートで固めて往時の面影を現代に留めている。

また、佐伯区楽々園公民館では、塩田の歴史を後世に伝えようと活発な活動を行っている。

（拙著　西広島タイムス「歴史散歩宮島街道」より転載。）

写真／岸副

海老山の潮湯

明治の頃、広島の西部、草津から大竹までの地域の農閑期の人々の楽しみといえば蒸し風呂に入ることだったと言われている。

有名な蒸し風呂もいくつか営業していた。その中でも佐伯区海老山東南の蒸し風呂は有名で、ほかに地御前にあった蒸し風呂は、「中井の石風呂」と呼ばれ、昭和四十年ごろまで存在していた。

さらに蒸し風呂は串戸・阿品・廿日市にもあった。現在の中国醸造の工場のところには、蒸し風呂をともなった大型旅館「桜尾館」があり、大正五～六年ごろまで、営業している。

ところで、海老山《かいろうやま》という地名だがどうしてこういう名前がついたのかという質問を受けることが多い。「海老」と書いて「えび」と読まず「かいろう」と読むのはもちろん珍しい。

この山は、もともとは独立島だったことが知られている。その島や山そのものがエビの形に似ているので海老山と呼ぶとの説を唱える方が多いのだが、どうもエビとは関係なさそうだ。

地名というものは一部の例外を除いて、その音《おん》は変化しにくい。それに対して充てる漢字は変化しやすく、五日市においても、水長《みなが》→皆賀、五日市→五海市などの例がある。

海老山も元々「かいろう」という音に語源があると考えやすく、よく言われるのは「会論山」語源説。広島市のデルタが形成されていなかったころ、ここに魚の市場の働きをしていた場所があり、論議が行われたことが地名のもとになったという説だ。また、かつて島の北側に港があったので、そこに入るための海路から「海路山」と呼ばれていたとの説もある。

海老山の東南角にあった蒸し風呂は藁や松葉を室《むろ》の中で燃やし、その燃え残りをいったん外に出した後、熱くなった室内に海藻を敷いて入室するという方式、簡単に言うと海藻サウナだったのだ。

中島海水浴場

　昭和の初期まで、広島市佐伯区海老山の南西には、中島海水浴場があり、海水浴場のところには、同じ経営の中島亭（中島旅館）があった。

　佐伯区出身の映画監督、故新藤兼人さんは回顧録の中で、六キロ以上離れた石内地区から歩いてこの海水浴場に行っておられたことを書かれている。

　また、広島県の生んだ歌人である中村憲吉は、二度にわたって、この海老山の西の海岸線に住んだことを、昨年発刊したこの「佐伯区本」にも書かせていただいた。

　その二度目の住まいは、現在の佐伯区海老園の数年前まで「沖土手」と呼ばれた当時の海岸線の家の二階だったが、昭和七年にはその中島亭で歌友が集まって、歌会を催しており、扇畑忠雄・中島郁子・土井寿夫・近藤芳美らがあつまっている。

　昭和八年四月、憲吉の家を訪問したアララギ派の中心歌人・斉藤茂吉も、中島亭に宿泊している。

　その時に茂吉が詠んだ

『友のこと　心におもひ　寝つかれず　幾時か聞く　海鳥の声』

など数点の短歌は、中島亭で詠んだものとして「茂吉日記」に確かに掲載されている。

　中村憲吉は結核療養中で、この一年後、尾道でこの世を去っている。

　その頃付近には、他に宮田海水浴場や広島市内の羽田別荘が直営する五天場（羽田）海水浴場もあり、現在のＪＲ五日市駅ができたのは、河内にできた紡績工場への物資の運搬とこれらの海水浴場への乗降客の見込みがあったからだと言われている。

　今、五日市港の沖もすっかり埋めたてられ、海岸線は遥かに遠のいた。埋立地の南端に造られた岸壁には、巨大な豪華客船が着岸し、新たな海外への窓となっており、佐伯区の地域おこし推進課とおもてなし隊がしっかりと佐伯区をＰＲしている。

写真／岸副

吉見新開の干拓

佐伯区の海岸線に並ぶ藤垂園・吉見園・海老園といった地名は、主に干拓などによって新たに開かれた土地で、そうした土地は「新開」と呼ばれた。

そのうち吉見園は、明治十二年から工事が始められ、同十五年に完成したこの地域で最も古い埋め立て地の一つである。

当時の新開は個人または数人の有力者によってつくられることが多く、佐伯区に明治時代に造られた三新開はすべてそうだ。

現在の佐伯区美の里にあたる「美濃里新開」は、旧佐伯町玖島の八田氏・佐伯区池田地の池田氏・海老塩浜の三宅氏、の三氏に、美の里の一角である「大芝新開」も海老塩浜の柴野氏の個人投資による。

吉見園に私財をなげうったのは五日市村の吉見新兵衛である。

吉見園の工事は途中高潮の被害によって一旦つくった堤防が全壊、まさに私財のすべてをなげうった上に、親せき縁者からも借り集めた資金のすべてをつぎ込んで、やっと、これを完成させたのである。

しかし、吉見新兵衛自身は、これで経済的に破たんし、再起をかけてアメリカで起業しようと渡海、その後病気を得て帰国となった。

大正三年地域の人々は彼の業績をたたえて、吉見新開開墾記念碑を建て、さらに、吉見園となぎさ地区の境にある旧堤防の所に移設して現在に至っている。

昭和に入って、新開はさらに別荘地として埋めたてられた。中央に南北に走る本通りと呼ばれる大通りを走らせ、東西に走る八本の通りの角をとって自動車を走りやすくした。当時最先のおしゃれな街並みを持つ吉見園は、こうして完成したのである。

（拙著　西広島タイムス「歴史散歩宮島街道」より転載。）

三筋川松並木

佐伯区の西側を流れる三筋川は岡の下川とも呼ばれる。

　この川にかかる五観橋は、その名のごとく旧五日市村と旧観音村を結ぶ橋だ。

　かつて、江戸時代の初期には、この橋を西国街道が通っていたのだが、同じ江戸時代でも時代が下ると、いわゆる「楽々園の松原道」を通って、当時あった三筋橋を渡り、三筋川の西岸を南に下って、現在の隅の浜を突っ切って廿日市に入った。現在三筋川と松原道がぶつかる川岸に当時の三筋橋の親柱が残っている。

　五観橋の南、三筋川の東岸に南北に連なる松並木があるが、楽々園の松原道に近いため江戸時代の街道松と関係しているのではと誤解されることが多いが実はそうではないようだ。

　かつて、五日市小学校の先生をしていた方からの伝聞ということで伝え聞いた話によると、実は今から百十数年前、日露戦争の講和条約であるポーツマス条約が締結され、そのポーツマス条約が結ばれた一九〇五年から三年後の一九〇八年に日露戦争の戦勝を記念して植樹されたのがこの松並木だというのだ。植樹したのは、当時の五日市小学校高等科の生徒たち。大小七十五本の黒松が植えられたというが、その真偽のほどははっきりしない。

　果たして、実際にそうなのか、時の流れの果てにたたずむ松並木。風に吹かれる松並木は今日も何も語ることはない。

写真／岸副

薬師さんと縁日

正楽寺の屋根が見える

佐伯区八幡は、東を鈴が峰、西を極楽寺山に挟まれた五日市の平野の北部に位置している。その真ん中にある八幡小学校の南西の小山には、地域の人々から「薬師さん」と親しまれる正楽寺があり、二月の第二日曜を縁日としていたが、現在では、建国記念の日を縁日と定めている。

この小山は、昭和４０年代にできた県道寺田バイパスによって切り通されたが、元々は、現在の八幡が丘・薬師が丘と尾根続きの山の端っこに位置し、寺自体も明治時代に現在の薬師が丘のふもとから、この地に移設されたものである。

本尊の薬師如来は、奈良の大仏建立に活躍した名僧・行基の作とされ、極楽寺山中にあった杉の大木で、極楽寺の千手観音と、この薬師如来と田中寺の大仏をつくったと伝説は言う。その伝説の地には、大杉・中伏・木梢といった地名や山中にはその大木の根を祀った杉の根神社という神社もある。（詳しくは、昨年の佐伯区本参照）

後に、平安時代の初めに、弘法大師がこの地を訪れて、この地を修業場として正楽寺と名付け、薬師如来を開眼したとも伝えられている。

ふもとの説教場の前に続く一本の道は、かつての八幡村と保井田村を結んだ往還で、昭和50年代の半ばごろまで縁日の日には、この道の両側に、ぎっしりと露店が並び、縁日の夕方には、身動きとれないほどの人出となった。

これに対して、極楽寺山山上にある極楽寺の縁日は、下山するのに時間がかかるため夕方にはにぎわいがなくなり、かえって朝の方がよくにぎわっていた。そこで二つのこの大きな縁日のことを地元では、「朝観音に、夕薬師」と呼んでいた。

建物は真上から見たら真四角の方形（宝形＝ほうぎょう）づくり。屋根の真四角の露盤と呼ばれる部分の上に、長い竿部が突き出ており、その長さが普通より長く見える。そしてその上に丸い宝珠をいただいている。

薬師の縁日は、今では露店も数軒にとどまり。往時に比べるとさびしいが、地元の人々はにぎわいを取り戻そうと、このお堂を管理している保井田森林組合の皆さんが、甘酒をふるまったり、うどんなどを販売して、新たなにぎわいの創出に務めておられる。

また、江戸時代保井田の庄屋宅に宿泊した対長州の広島藩の一隊は、この保井田往還を通って、現在の八幡本通りに出て道を北上、河内方面へと転進したと考えられている。

現在いわゆる寺田バイパスと呼ばれる五日市・湯来線がこの地域の動脈としての交通量を確保し、八幡本通りはその幹線道としての役割を終えた。

その二つの道に挟まれる形で小山の上にたたずむ薬師さん。かつては眼の病に効くとにぎわった縁日で名物だった薬師飴を見ることも今はもうない。

執筆後記

米山俊哉

■そのきっかけから

「佐伯区本」なるものを作ろう、ということに巻き込まれ始めたのは、二〇一七年「佐伯区本」が発刊される前年の頃。高校時代の同級生、河浜一也君からの突然の電話からだった。

河浜君とは、昭和の時代、広島市民球場時代というか、あの弱かったカープがついに初優勝したころ、かなりむさ苦しかった私立の男子高校で出会った。僕はその系列の中学に入学するまでは地元石内で過ごし、近所のR君達石内の友と文字通り山野を駆け巡った。そのせいか、たとえば、源氏大休の段から高城を抜けて水晶ケ城まで一気に尾根道を駆け抜けることなんぞ、お安い御用だったのだ（今は残念ながら無理）。

石内の友はそのまま地元の三和中学校へと進学した者が多いわけだが、河浜君は中学一年の時に引っ越して来て、三和中学校へ転入したという。何やら八幡地区が彼の母君の故郷だとのこと。ちょうどすれ違いだ。ところがその彼が、高校からそのむさい、よく言えば自由な高校へ入学してきた。そんなわけで、かつての河浜君は長髪でかなり痩せていてロックバンドでギターを弾いていた。変われば変わるものである（まあ、お互いにだけど……）。話してみると共通の友人がわらわらと話題に登場した。以来親しく付き合わせていただいている。

その、あまりに恰幅の良くなった彼が「おまえの石内を書け」という。そこで今回勝手ながら、「僕の石内」を、やや気ままに書かせていただいた。

さていきなりだが、「石内」のあけぼの（黎明期）について追記しておきたい。

■石内のあけぼの

石内はまことに古く、瀬戸内海沿岸部のなかでは、まさに歴史的なエリアといえるだろう。

例えば、石内の自然は、現在の瀬戸内海が陥没によってできた、造瀬戸内海運動（約三〇〇万年～一五〇万年前）に伴って形成されてきたといわれている。瀬戸内海がその陥没によって形成されはじめると、現佐伯区の比較的海岸にほど近いエリアにあった高山・窓山・極楽寺山等の上に降った雨水は、その落差によって急激に降下した。すると、やがては石内川や八幡川を生じ、堆積物によって川沿いに徐々に陸地を形成していったのだ。まあ、これは石内だけのことではなく、佐伯区全体のあけぼの時代のあらすじかもしれない。

下沖5号遺跡（広島市文化財団）

はるかに時は流れ、広島で最初（二万年前）に人類が棲みついたのが、どうやら、その石内川や八幡川流域だったそうだ。

石内バイパス沿いにある「下沖5号遺跡」からはナイフ形石器が出土しているが、このことからも、すでに、二万年前にはこのエリアに人が住んでいたことが分かる。さらに、縄文時代早期の土器が石内川流域尾根周辺には広く分布していることからも、当時からすでに石内に人が定住していたと考えて、ほぼ間違いないだろう。

　もちろん、その頃の海面は今よりかなり高く、五日市の平野部はほぼ海に没していたと考えられている。そんな中「石内」は海の幸、山の幸に恵まれたはずだ。当時の「石内湾」は、広島でも住みやすいエリアだったというわけだ。付近の貝塚からは、魚介類や動物の骨が重層的に出土しており、彼らの豊富だった生活を十分に彷彿させる。

下沖5号遺跡出土のナイフ形石器（広島市文化財団）

　弥生時代、新宮山を中心に弥生土器・石器が多数出土している。僕も小学生の時、よく新宮山にいそいそと登り、同級生達と夢中で土器や石器やらを発掘したものだ。当時、新宮山のグランドはまだ整備されておらず、手つかずの出土物がそこここに残っていた。弥生土器の破片は散在し過ぎて有難味も湧かず、その一方で、石器を発掘したときの喜びは格別だった。その時の発掘行為は不思議な感覚を伴ったものだ。なぜなら、石包丁の手のひらへの「フィット感」はあまりにリアル過ぎ、いきなり「これは弥生人の感触と一緒なんだ」という高揚感を「石内少年」にもたらした。

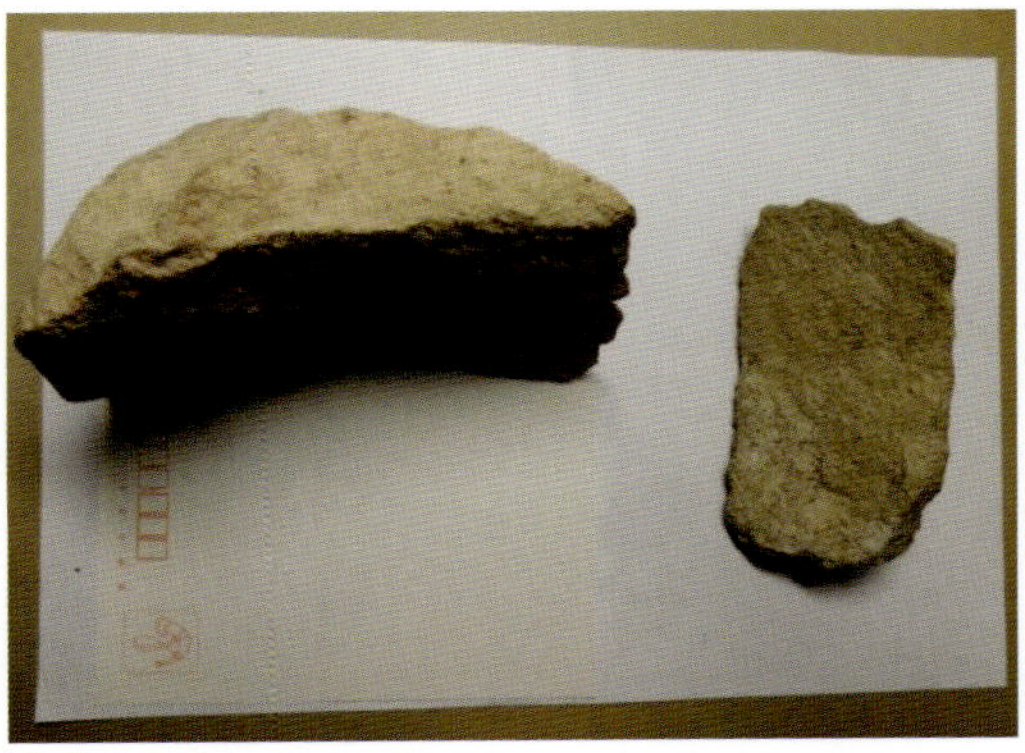
左は米山が発掘した石器
新宮山にて

　また、新宮山の周囲1㎞以内には、五カ所も貝塚が見つかっており、そのうち笹利貝塚の様子は、三次の県立風土記の丘の資料館に再現されているほどだ。

　いずれにしろ、今でも新宮山の老人憩いの家とグランドの近くを通るたびに、少年のころの「発掘ごっこ」を思い出す。

■故郷に誇りをもって

　さて、原稿を書き進めながら僕は、幼いころからのいろんな思い出を、まさに思い出すこととなった。石内保育園、石内小学校時代における思い出の通学路は、古代山陽道（かげともの道）であり、現在では舗装されてはいるが、昭和中期、まだ普通の土の小道だったころには、何故か、いきなり寛永通宝が落ちていたりしたものだ。

　水晶ケ城は、遠足で何度も訪れ、掘れば小さな水晶がザックザクと出た大切な思い出の地。未だに当時の宝箱（紙製）にはその時ゲットした小さな水晶が眠る。そして臼山八幡宮の境内は、秋祭りの日にギン玉テッポウを片手に、友と走り回った思い出の場所でもある。

　また、永井建子の稿で取り上げた軍縮に功績のあった加藤友三郎元総理大臣は高校の大先輩で、校祖山田十竹先生の弟子にもあたることを、河浜君との共通の恩師・元修道中高校長の畠眞實先生から何度となくご教示いただいたものだ。

　僕の担当稿では、最後に新藤兼人監督を取り上げさせていただいた。石内小学校在学中だった一九七〇年代に新藤監督が来校されたという記憶はない。だが一九九五年、監督が母校の開校一二〇周年記念講演を行われた際、当時広島から遠く離れて住んでいたけれど、たまたま当日帰省していて、直に監督のお話を拝聴することができた。その暖かくも感動的な講演会を生涯忘れることはできない。

　最後に、河浜君との今回の「続佐伯区本」が、石内や佐伯区に豊富に残る歴史や自然を皆さまがさらに誇りに思うことができるべく、その一助となれば幸いである。

執筆編集後記

河浜一也

■**かげひろプロジェクト**

前号でも説明したように、2012年、広島はNHK大河ドラマ「平清盛」の放映を契機に、佐伯区の地名のもとになった佐伯景弘を題材に、佐伯区おこしを試みたグループが、「かげひろプロジェクト」で、主に、コイン通りで、平清盛と佐伯景弘を題材とした歴史パネルを制作し、これを展示する「歴史パネル展」を開催。合わせて、佐伯景弘に関する多くの行事に関わった。

その時のプロジェクトメンバーの一部に何人かを加え、新たにこの本を通じて佐伯区の活性化を試みようとしたのが、「カゲヒロプロジェクト2017」だ。この「続佐伯区本」発刊後は、来年度発行予定の「ミニ佐伯区本」発行へと活動は続く。

■**続佐伯区本と感謝**

この度の「佐伯区本」の第2集「続佐伯区本」を発刊することについて、ご協力いただいた皆様、ご支援いただいた皆様に対して心より感謝申し上げる。

まずは今回の発刊に当たって、是非一緒にこの本の執筆にあたってほしいとこちらから熱望した米山俊哉君が、お願いした原稿の量を越え（笑）、熱のこもった執筆をしていただいたことに感謝する。「高校時代よりの友情」は……、などと書くと、何やら浪漫にすぎる。ただ、私たちは十代で共通の友人を二人亡くしており、その死から、四十年をこえた。われらの共同作業を彼らの墓前に報告したいと、ふと考えたりもする。米山君との共同作業は、彼らに対するささやかな供養になろうかと……。米山君に対してはもちろん大感謝を伝えたい。

今回の佐伯区本第二集「続佐伯区本」も、かげひろプロジェクトのメンバー濱崎印刷の濱崎義治社長と私（河浜）とで推し進め、いろんな人々の協力を得ながら、一部は米山君にお願いし、残りは河浜が執筆した。

コンセプトとした地域的な偏りを恐れず、ちょっと雑多な佐伯区を取り上げることは今回も変えず、また、写真を多用し、詩を盛り込んで加工した本を作ろうということも変えなかった。

そんな中で、ページ数を使って、三つのテーマ・特集をつくってこれを追ってみた。

第一の特集は、「圓明寺と任助法親王の宝篋印塔」。第二は「石内の歴史」。そして三つ目が、「海老山と海老塩浜界隈」。読み進めていくうちに、自然にこれらのことに触れていただけるようにページを作ってみた。

特に鎌倉時代には大伽藍を持っていたという圓明寺については、過去何度かいろいろな場面で文章に書かせていただいたが、自分自身の書いたものの中で過去で一番まとまった量の原稿を書かせていただいた。またこのことを通して知り合った積極的にこの寺の歴史的意義を発信しようとされている青年住職・菅梅章順氏を知ることができたことは、これから先、私自身の財産となることと確信している。師のこれからの活躍にエールを送るとともに、今回の対応に心から感謝する次第である。また、歴史愛好家の皆さんや佐伯区に住む皆さんに、圓明寺と任助法親王の宝篋印塔に、ぜひ歴史的興味を持っていただきたいと願うものである。

■**さらに感謝と、さらなる続編**

昨年の「佐伯区本」の発刊後の反響の大きさには、驚かされた。特に、前回号には、私の住む八幡地区のことを多く取り上げさせていただいたため、八幡地区のご年配の方々から多くの声をいただき情報や激励をいただいた。記事にかかわる情報をお寄せいただいたケースもあり、私自身も大いに勉強させていただいた。

中でも、中村憲吉については、彼の生家のある三次の旧布野村に現存する生家（現在は記念館となっている）を訪れ、「佐伯区本」を寄贈させていただいたが、これは、声をかけていただき資料を頂戴した佐伯区在住でこの地域出身の石田久満さんからの情報をきっかけとした。このように皆様にエールを送っていただいたことは「続・・・」への励みとなった。

中村憲吉生家にて歌碑をのぞきこむ

今回も印刷前の工程のうち、組版・編集補助をお願いしたクリエイティヴアーツウエノブの上信宏氏、ページレイアウトをお願いした黒河鈴美さんには、引き続きお世話になった事に感謝している。また、溪水社の木村逸司氏に対しても心からの謝意を申し述べたい。出版の世界に精通された木村社長の存在は、我々が安心して活動できる心の支えでもあった。

写真は、何と言っても、雑誌「Grandeひろしま」を通して知り合った優秀な写真家・岸副正樹氏の存在がありがたい。今回もイキイキした抜群の写真をお撮りいただいた。

またこの一年、季節ごとの佐伯区の風景を撮りためていただいた、アマチュアカメラマンの広畑和男氏に苦労を掛けた。その素晴らしい仕事に感謝している。

また、佐伯区でお撮りになった花々の写真を提供していただいた田中眞由美さん、石内のページを中心に写真提供をお願いした前石内公民館長奥田泰将氏にも、心からの謝意を表する。ご協力いただいた皆様のお名前は、あらためてこの「執筆編集後記」の最後に記して感謝申し上げる。

尚、佐伯区本は、前述のように、来年もさらなる続編として一回り小さい佐伯区本を発刊し、書店ではなく、佐伯区内の多くの商店の協力を得て販売させていただく予定でいる。ぜひ、ご期待とご協力をいただきたい。

■主な参考文献

・「五日市町誌」（全巻）
・「広島県史」（全巻）
・「佐伯郡史」
・「かげともの道」（広島市佐伯区役所地域起こし推進課）
・「廿日市の文化」（全集・廿日市市郷土文化研究会）
・「いつかいちの地名をさぐる」（五日市民話民俗の会）
・古路・古道調査報告（広島市教育委員会）
・「龍渕山正覚寺」（龍渕山正覚寺）
・「傾月山光乗寺縁起」（傾月山光乗寺）
・「ふるさと広島市」（郷土出版社）
・「いしうち文化財」（石内公民館）
・「石内公民館だより連載・ふるさとめぐり（石内のあけぼの　辰野誠次）」
・「いしうち年表体郷土誌」（石内公民館）
・「新藤兼人伝」（小野民樹）
・「私の履歴書　生きているかぎり」（新藤兼人　日経新聞社）

■河浜一也のプロフィール

広島市佐伯区から東広島市まで展開する学習塾・学習共同体河浜塾の代表取締役塾長。現在、広島私塾連盟特別顧問（元理事長）。全日本私塾教育ネットワーク副理事長。また「Grandeひろしま」「ログノート」「西広島タイムス」に連載を持つライターであり、詩人・郷土歴史家・音楽プロデューサー・作詞作曲家としても活躍している。

1993年から「柏村武昭のテレビ宣言」（広島テレビ）にレギュラー出演したり、「広島テレビ・公立高校入試解答ダイジェスト」も担当するなど、マスコミにも多く登場し、地元FMラジオ局ではラジオパーソナリティーとして自分の番組を持っている。

河浜塾は、教育改革に明るい学習塾で改革に対応した学習指導を展開しており、中高大の各入試で高い合格率を維持している。小学生に対する社会見学・理科実験、中学生に対する強力な教科指導と圧倒的な情報量による充実の進路指導が特長と言われる。2008年に発刊された「迷った時の塾選び広島」（高遠信次著・南々社）では、広島県を代表する5塾のうちの1つとして、熱血型の塾に分類されている。

他にNPO教育サポート広島副理事長、NPO安芸ソーシャルサポートの会理事、広島YMCA常議員、学校法人広島YMCA学園理事、山陽女子短期大学非常勤講師、他多くの肩書を持つ。

■スペシャルサンクス

執筆（石内特集）　米山俊哉
写真　岸副正樹
写真協力　広畑和男
写真協力　田中眞由美
写真協力　奥田泰将
写真協力　岡本博文
流通販売　溪水社　木村逸司
表紙デザイン　西岡真奈美
組版・編集
クリエイティヴアーツウエノブ　上信宏
同　黒河鈴美
印刷製本　濱崎印刷　濱崎義治

■協力

尾崎正明
佐伯区地域おこし推進課
西広島タイムス
取材させていただいた皆様

※見開き左ページの欄外の名は、その見開きページの写真撮影者の名。撮影者名のない場合は、ページ中で紹介された本人提供の写真か、河浜が撮ったもの。

続佐伯区本

2018年9月10日　発行

著　者　河浜一也

発行者　かげひろプロジェクト

デザイン　クリエイティヴアーツウエノブ
広島市安芸区船越5丁目15-21（〒736-0081）

印刷・製本　濱崎印刷
広島市佐伯区八幡3丁目30-9　（〒731-5116）

発売元　溪水社
広島市中区小町1-4（〒730-0041）
Tel 082-246-7909　Fax 082-246-7876
E-mail : info@keisui.co.jp

尚、この本の発刊および関連イヴェントは
「区の魅力と活力向上推進事業補助金」の交付対象事業です。

ISBN978-4-86327-453-2　C0039